Nelly Novaes Coelho

PRIMEIRO DICIONÁRIO ESCOLAR

LÍNGUA PORTUGUESA

NACIONAL

© Companhia Editora Nacional, 2008

Direção editorial	Antonio Nicolau Youssef
Coordenação editorial	Célia de Assis
Edição	Edgar Costa Silva
Produção editorial	José Antonio Ferraz
Coordenação de arte	Narjara Lara
Assistência de arte	Marília Vilela
	Viviane Aragão
Projeto gráfico, editoração e ilustrações	Ícone Comunicação Ltda.
Revisão	Berenice Baeder
	Valter Barros Moura

Dados Internacionais de Catalogação na Publicação (CIP)
(Câmara Brasileira do Livro, SP, Brasil)

Coelho, Nelly Novaes
    Primeiro dicionário escolar de língua portuguesa / Nelly Novaes Coelho.
-- 2. ed. -- São Paulo : Companhia Editora Nacional, 2008.

ISBN 978-85-04-01409-9

1. Português - Dicionários I. Título.

08-10490   CDD-469.3

Índices para catálogo sistemático:

1. Português : Dicionários 469.3

2ª edição – São Paulo – 2008
Todos os direitos reservados

NACIONAL

Av. Alexandre Mackenzie, 619 – Jaguaré
São Paulo – SP – Brasil – 05322-000 – Tel.: (11) 2799-7799
www.editoranacional.com.br
editoras@editoranacional.com.br

Você acabou de entrar num mundo muito especial: o **Mundo das Palavras**.

Desde que começamos a falar, nossa comunicação com os outros se faz principalmente com palavras.

Você já reparou que o mundo da linguagem envolve o mundo em que vivemos? Que tudo que existe tem nome? Que todos os seres e coisas precisam ser nomeados por palavras para existirem de verdade? É o que você vai descobrir ao utilizar este dicionário.

Todos nós compreendemos as imagens e as figuras que vemos, porque elas podem ser explicadas em palavras. É só lembrar dos desenhos. Todos eles têm um texto e formam uma história que pode ser contada. Você faz ou vê um desenho e pode depois explicá-lo para alguém, transformando as imagens em palavras.

Espero que este **Primeiro Dicionário Escolar** e você se tornem bons amigos e que ele possa ser seu primeiro guia nos caminhos do **Mundo das Palavras**, que você percorrerá durante toda a sua vida.

AS PALAVRAS

Indica a primeira letra das palavras de cada parte do dicionário.

V *substantivo masculino*
Vigésima segunda letra do nosso alfabeto.

VACA *substantivo feminino*
Fêmea do boi. O leite de vaca é um dos alimentos básicos do homem.
Leite, boi

VACINA *substantivo feminino*
Substância que é colocada no corpo de uma pessoa ou animal para protegê-lo contra doenças. Em geral isso se faz com uma injeção ou uma gota na língua.

P. 252

VAGA-LUME *substantivo masculino*
Inseto que tem órgãos que produzem luz. Pirilampo.
Inseto, luz

VALIDADE *substantivo feminino*
Qualidade de algo que está dentro do prazo.

VALOR *substantivo masculino*
Preço de algum produto ou trabalho.
Qualidade física ou moral de quem é admirado ou respeitado.
Preço

A partir de uma palavra, você descobre outras.

Natureza da palavra
Substantivo masculino
ou
substantivo feminino
ou
substantivo masculino e feminino
ou
adjetivo
ou
verbo.

Grande tema ao qual a palavra pertence.

280

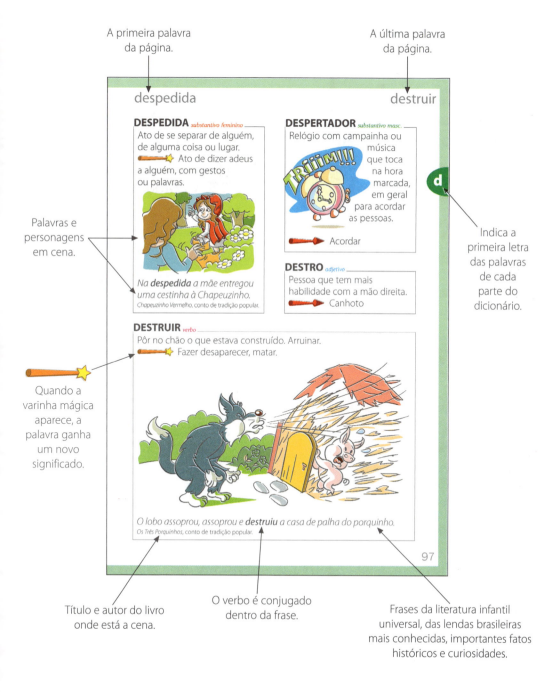

PÁGINAS TEMÁTICAS

Ambiente..........p. 20

Arte......................p. 28

Brincadeiras......p. 48

Casa.....................p. 64

Cidadania..........p. 72

Cidade................p. 74

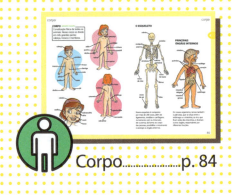
Corpo..................p. 84

Criança..............p. 88

Matemática....p. 186

Escola..............p. 114

Música..............p. 198

Família..............p. 126

Saúde..............p. 252

Folclore..............p. 136

Trabalho..........p. 270

DICIONÁRIO VISUAL

Animais brasileiros p. 294
Esportes p. 296
Meios de transporte p. 297
Vestuário p. 298

TABELAS

Masculino e feminino ...... p. 300
Números ordinais ...... p. 300
Contrários ...... p. 301
Coletivos ...... p. 302
O som dos animais ...... p. 303

MINIATLAS BRASILEIRO

Mapa-múndi ...... p. 304
Estados brasileiros ...... p. 306
Principais rios ...... p. 307
Recursos minerais ...... p. 308
Agricultura e pecuária ...... p. 309
Regiões brasileiras ...... p. 310
Região Norte ...... p. 311
Região Nordeste ...... p. 312
Região Sudeste ...... p. 313
Região Sul ...... p. 314
Região Centro-Oeste ...... p. 315
As bandeiras do mundo ...... p. 316

A *substantivo masculino*
Primeira letra do nosso alfabeto.

ABACAXI *substantivo masculino*
Fruto de forma ovalada, com casca grossa parecendo escamas e folhas em forma de coroa.

ABAIXAR *verbo*
Fazer descer, mover para baixo.
➡ Diminuir a altura ou a força do som.

ABAJUR *substantivo masculino*
Objeto de vários formatos que envolve uma lâmpada e serve para iluminar quartos, salas.

P. 64

ABANDONAR *verbo*
Deixar algo ou alguém sozinho, sem socorro ou auxílio.
➡ Desistir de algo.

*Joãozinho e Maria foram **abandonados** na floresta.*
João e Maria, conto de tradição popular.

ABECEDÁRIO *substantivo masculino*
A ordem das letras do Alfabeto: ABCDEFGHIJKLMNOPQRSTUVWXYZ.

P. 114

ABELHA *substantivo feminino*
Inseto que vive em colmeias, onde produz mel e cera.

ABERTO *adjetivo*
Algo que se abriu.

ABÓBORA *substantivo feminino*
Fruto da aboboreira, planta rasteira que se espalha pelo chão.
➤ Legume

A fada-madrinha transformou uma **abóbora** na bela carruagem que levou Cinderela ao baile do príncipe.
A Gata Borralheira ou *Cinderela*, conto de tradição popular.

ABOBRINHA *substantivo feminino*
Fruto pequeno, esverdeado, de casca fina e polpa macia.
➤ Legume

ABOLIÇÃO *substantivo feminino*
Ação de abolir, anular, extinguir alguma lei ou costume.
➤ Escravo

ABRAÇAR *verbo*
Dar um abraço. Passar os braços em torno de algo ou alguém, em geral com carinho ou amizade.

ABREVIATURA *substantivo feminino*
Diminuição de uma palavra (ou de um grupo de palavras), que é então usada no lugar da palavra inteira.

ABRIGO *substantivo masculino*
Lugar seguro contra perigos.

abrir / acontecer

ABRIR *verbo*
Separar partes que estão juntas.

ABUSAR *verbo*
Usar mal alguma coisa, causar estragos.
→ Ir além dos limites.
→ Estragar

ACABAR *verbo*
Terminar, concluir algo.
→ Destruir, dar fim.

AÇAÍ *substantivo masculino*
Fruto roxo do açaizeiro, uma palmeira da região amazônica.
→ Palmeira

ACAMPAMENTO *substantivo masc.*
Lugar onde se armam tendas ou barracas.

AÇÃO *substantivo feminino*
Ato de agir, de fazer algo.

ACARAJÉ *substantivo masculino*
Bolinho frito no azeite de dendê, típico da Bahia.
→ Dendê

ACENDER *verbo*
Fazer com que algo produza luz.
→ Pôr fogo ou pegar fogo.

ACERTAR *verbo*
Fazer algo correto, certo, tal qual é preciso.
→ Dar a resposta certa.

ACHAR *verbo*
Encontrar algo.
→ Ter opinião sobre algo.

ACIDENTE *substantivo masculino*
Acontecimento que não se espera.
→ Desastre

ACONTECER *verbo*
Virar realidade. Realizar-se.
→ Realizar

13

ACORDAR *verbo*

Despertar do sono.

*Quando o príncipe a beijou, a Bela Adormecida **acordou** de seu sono de cem anos.*
A Bela Adormecida, conto de tradição popular.

ACORDEÃO *substantivo masculino*

Instrumento musical parecido com a sanfona. Possui teclado e um fole que abre e fecha.

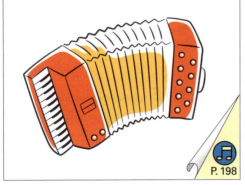

P. 198

ACREDITAR *verbo*

Achar que algo é verdade.
➡ ⭐ Crer, ter fé.

ACROBATA *substantivo masc. e fem.*

Pessoa que faz exercícios de equilibrismo com o corpo ou com objetos e que geralmente se apresenta em circos ou espetáculos.

AÇÚCAR *substantivo masculino*

Pó branco, fino e doce. É usado para fazer bolos, balas e doces em geral.
➡ Beterraba, cana-de-açúcar, doce

14

açude   aeroporto

AÇUDE *substantivo masculino*
Construção usada para guardar águas de rios, riachos ou chuvas, a fim de desviá-las para onde não há água.
 Represa

ADIANTAR *verbo*
Mover para diante, acelerar, apressar em relação ao tempo normal.

ADIAR *verbo*
Mudar algo para outro dia ou outra hora.

ADIVINHAR *verbo*
Descobrir resposta para algo, só com a ajuda do pensamento ou da intuição.
⭐ Saber o que vai acontecer antes de aquilo acontecer.

ADOLESCÊNCIA *subst. masc. e fem.*
Fase da vida que fica entre a infância e a idade adulta.

ADORMECER *verbo*
Cair no sono.

ADULTO *substantivo masculino*
Pessoa que está na fase da vida que vem depois da adolescência.

AÉREO *adjetivo*
Que pertence ao ar, ou se movimenta no ar.

AEROPORTO *substantivo masculino*
Lugar com pistas para saída e chegada de aviões carregando passageiros e cargas.
 Avião, veículo

15

AFETO *substantivo masculino*
Sentimento de amizade ou carinho por alguém.
➤ Amizade

AFLUENTE *substantivo masculino*
Corrente de água ou rio que joga suas águas em outro rio maior.
➤ Rio

AFOGAR *verbo*
Afundar na água e não conseguir respirar. Sufocar engolindo água, com o perigo de morrer.

AGARRAR *verbo*
Pegar algo ou alguém com força, para não deixá-lo cair nem escapar das mãos ou dos braços.

AGASALHO *substantivo masculino*
Roupa que protege o corpo do frio, conservando o calor.
➤ Vestuário

AGENDA *substantivo feminino*
Caderno com todos os meses, semanas e dias do ano, para a pessoa anotar seus compromissos.
➤ Calendário, caderno

AGOGÔ *substantivo masculino*
Instrumento musical de origem africana, composto de dois pequenos e alongados sinos de ferro que são tocados por uma vareta.
➤ Instrumento

AGRADÁVEL *adjetivo*
Algo que é bom de sentir ou de fazer.
➤ Bom

AGRADECER *verbo*
Mostrar a alguém, com palavras ou gestos, que gostou do que esse alguém disse ou fez.

agricultura　　　　　　　　　　　　　　　　　　　aldeia

AGRICULTURA *substantivo feminino*
Atividade de cultivar a terra, semeando ou plantando e colhendo.
➡ Lavoura

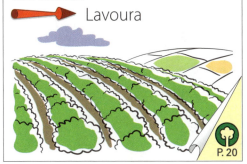

AGROTÓXICO *substantivo masculino*
Substância usada para matar insetos e pragas que prejudicam as lavouras. Também pode ser usado para melhorar a qualidade da colheita.
➡ Lavoura, ambiente, colheita

ÁGUA *substantivo feminino*
Líquido sem cor, sem cheiro e sem gosto, fundamental para a vida.

AGULHA *substantivo feminino*
Objeto de metal pequeno e fino que tem uma ponta afiada e a outra com um furo, por onde se passa a linha de costura.
⭐ Instrumento de metal, fino e oco, usado para dar injeções.
➡ Linha

AJUDAR *verbo*
Auxiliar alguém a fazer alguma coisa.
⭐ Socorrer alguém.

ÁLBUM *substantivo masculino*
Livro ou caderno especial para se colar fotografias, coleções de selos, figurinhas e recortes em geral.

ALCACHOFRA *substantivo feminino*
Planta comestível, de forma arredondada, com pétalas.
➡ Legume

ALCANÇAR *verbo*
Chegar até alguém ou algum lugar.
⭐ Conseguir algo.

ALDEIA *substantivo feminino*
Povoado onde moram pequenas comunidades rurais.
⭐ Povoado onde só moram índios.

17

ALEGRIA *substantivo feminino*

Sentimento de prazer e felicidade.

*Foi com **alegria** que os Sete Anões receberam a Branca de Neve para morar com eles.*
Branca de Neve e os Sete Anões, conto de tradição popular.

ALFACE *substantivo feminino*

Planta de folhas verdes e finas, muito usada para fazer salada.

ALFINETE *substantivo masculino*

Pequeno objeto de metal que tem uma ponta afiada e a outra terminada numa bolinha, usado para pregar roupas.

ALFAIATE *substantivo masculino*

Profissional que faz roupas para homens.

ALGA *substantivo feminino*

Planta que vive na água doce ou salgada, em geral flutuando na superfície. Algumas algas são comestíveis.
➡ Aquático

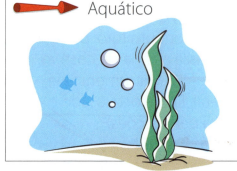

algarismo   amargo

ALGARISMO *substantivo masculino*
Símbolo que representa um número. Os algarismos que utilizamos são chamados algarismos arábicos: 0, 1, 2, 3, 4, 5, 6, 7, 8, 9.

ALGODÃO *substantivo masculino*
Pelos que envolvem as sementes do algodoeiro. São usados para fazer tecidos e material para limpar a pele e fazer curativos.

ALIMENTO *substantivo masculino*
Tudo aquilo que serve para a nutrição, a alimentação ou a conservação da vida. Pode ser de origem animal, vegetal ou mineral.

P. 252

ALÍVIO *substantivo masculino*
Sensação de libertar-se de um peso, uma carga, um cansaço, uma dor, um medo ou uma doença.

ALTITUDE *substantivo feminino*
Altura de um lugar, medida a partir do nível do mar.

ALUNO *substantivo masculino*
Estudante, aprendiz. Aquele que se prepara para algum ofício, profissão ou aprendizado.

P. 114

AMANHÃ *substantivo masculino*
O dia que vem depois do hoje.

AMAR *verbo*
Mostrar amor. Sentir muito carinho ou muita paixão por alguém.
 ⇒ Gostar muito de alguma coisa.

AMARGO *adjetivo*
Que tem gosto ruim, desagradável.

19

ambiente

AMBIENTE *substantivo masculino*
É tudo o que envolve os seres vivos e as coisas. É o meio em que vivemos.

A cidade, o campo, as florestas, o mar, os rios e o ar fazem parte de um todo chamado ambiente. Qualquer dano a uma parte afeta as outras. Seu equilíbrio é fundamental para a segurança de nosso planeta.

AMBIENTES NATURAIS BRASILEIROS

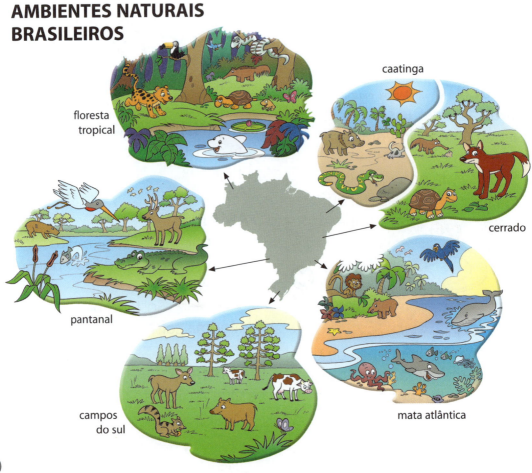

ambiente

ÁGUA

A água é fundamental para a vida de todos os seres. Ela está presente não apenas nos mares e nos rios, mas também no ar e no solo. A água que bebemos vem de reservatórios e passa por estações de tratamento. O uso responsável da água é dever de todos nós.

POLUIÇÃO

das águas

do ar

do solo

A poluição afeta o equilíbrio do ambiente, a vida e as atividades necessárias para a sua manutenção. Combater a poluição ajuda a preservação do ambiente.

RECICLAGEM

Reciclar é separar plásticos, metais, papéis e vidros para aproveitar ao máximo os produtos, evitar a poluição do ambiente e preservar os recursos naturais.

21

ambulância   andorinha

AMBULÂNCIA *substantivo feminino*
Carro especial para transportar doentes e feridos, com urgência.
➤ Hospital

P. 252

AMEDRONTAR *verbo*
Assustar, causar medo.
➤ Medo

AMIZADE *substantivo feminino*
Sentimento de afeto, simpatia e solidariedade que pode existir entre duas ou mais pessoas.

AMORA *substantivo feminino*
Fruto da amoreira, redondo, de cor escura e polpa macia.
➤ Alimento

AMPULHETA *substantivo feminino*
Antigo objeto usado para medir o tempo. Relógio de areia.
➤ Relógio, tempo

ANALFABETO *substantivo masculino*
Aquele que não sabe ler nem escrever.
➤ Ler, escrever

ANÃO *substantivo masculino*
Homem de altura bem mais baixa que a normal.

ÂNCORA *substantivo feminino*
Instrumento de ferro usado para prender o barco ao porto de chegada.
➤ Barco

ANDORINHA *substantivo feminino*
Pássaro pequeno com asas longas.
➤ Pássaro

anfíbio   antigo

ANFÍBIO *substantivo masculino*
Animal vertebrado que vive tanto na terra como na água.
→ Sapo, rã

ÂNGULO *substantivo masculino*
Ponto de encontro de duas retas.

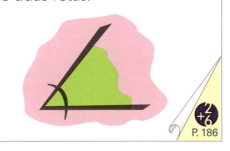

ANIMAL *substantivo masculino*
Todo ser vivo que possui sensibilidade e que se locomove.
→ Bicho

Ver ilustrações na pág. 294.

ANIVERSÁRIO *substantivo masculino*
O dia em que se comemora, a cada ano, a data em que se nasceu ou que algum acontecimento ocorreu.
→ Data

ANO *substantivo masculino*
Medida de tempo. Período de 12 meses, tempo que a Terra leva para dar uma volta completa em torno do Sol.
→ Calendário

ANTA *substantivo feminino*
Mamífero muito grande, com uma cauda curta e focinho em forma de pequena tromba que se mexe o tempo todo.
→ Mamífero

ANTENA *substantivo feminino*
Peça que recebe ou transmite sinais para aparelhos de áudio e vídeo.
→ Transmitir

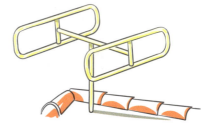

ANTIGO *adjetivo*
Algo que existe há muito tempo ou existiu em tempos passados.

23

ANTIPATIA *substantivo feminino*
Não simpatizar com alguém ou alguma coisa.

ANÚNCIO *substantivo masculino*
Mensagem para informar as pessoas sobre alguma coisa. Anúncios podem ser feitos por meio de palavras faladas ou escritas, músicas ou imagens, através de diferentes meios de comunicação.

ANZOL *substantivo masculino*
Pequeno gancho na ponta da linha de pescar, no qual se prende a isca.
→ Minhoca

APAGAR *verbo*
Fazer desaparecer o que estava escrito.
→ Acabar com o fogo, a chama ou a luz.

APARECER *verbo*
Mostrar-se, surgir.

Chapeuzinho Vermelho caminhava na floresta, quando **apareceu** o lobo e começou a conversar com ela.
Chapeuzinho Vermelho, conto de tradição popular.

aparelho aquário

APARELHO *substantivo masculino*
Máquina, ferramenta ou instrumento que serve para realizar algum trabalho.
 Peça de metal ou de plástico que se coloca na boca para corrigir os dentes.

APARTAMENTO *substantivo masc.*
Local para morar que faz parte de um prédio ou edifício com diversas unidades.
→ Habitação
P. 64

APELIDO *substantivo masculino*
Nome especial que se usa no lugar do verdadeiro nome de alguém ou de alguma coisa.

APETITE *substantivo masculino*
Desejo ou vontade de comer.

APITO *substantivo masculino*
Pequeno instrumento de sopro que serve para assobiar, pedir socorro, dirigir manobras.

APONTADOR *substantivo masculino*
Objeto que serve para fazer pontas nos lápis.
→ Lápis
P. 114

APONTAR *verbo*
Fazer ponta em algo, aguçar.
 Indicar, marcar.

APOSTAR *verbo*
Jogar, competir, disputar algo com alguém, valendo ou não um prêmio.

APOSTILA *substantivo feminino*
Material em forma de folhas soltas que é dado aos alunos com a lição que tem de ser estudada.
→ Estudar
P. 114

APRENDER *verbo*
Ficar sabendo ou conhecendo algo através de leitura, estudos ou da simples observação.

AQUARELA *substantivo feminino*
Tinta que é diluída em água, conforme o tom das cores desejadas pelo pintor.
→ Pintura
P. 28

AQUÁRIO *substantivo masculino*
Local com água, onde se criam peixes e plantas aquáticas.

25

AQUÁTICO *adjetivo*
Qualidade de tudo aquilo que vive na água ou que tem relação com ela.
 Terrestre, animal

AR *substantivo masculino*
Mistura invisível de gases que respiramos e que nos mantém a vida.

ARADO *substantivo masculino*
Instrumento de revirar a terra para se fazer o plantio.

ARAME *substantivo masculino*
Fio de metal flexível, que tem muitas utilidades na vida do campo e das cidades.

ARANHA *substantivo feminino*
Animal invertebrado que tece teias para pegar insetos para comer.
 Teia, invertebrado

ARARA *substantivo feminino*
Ave grande de cauda longa, bico muito forte e penas coloridas.
 Ave

ARAUCÁRIA *substantivo feminino*
Árvore da família do pinheiro.

ARBUSTO *substantivo masculino*
Planta de pouca altura, sem tronco, com ramos desde a raiz.

ARCO-ÍRIS *substantivo masculino*
Grande arco luminoso, composto por sete faixas de cores. Aparece no céu, quando após grandes chuvas o sol atravessa as gotas de água que flutuam no ar.
Cor

AREIA *substantivo feminino*
Minúsculos grãos ou pó minerais que existem nas praias, desertos, leitos de rios.

26

argila   arrumar

ARGILA *substantivo feminino*
Espécie de barro mole e úmido usada para modelar objetos. Quando seca, ela endurece.
➡ Escultura

ARITMÉTICA *substantivo feminino*
Parte da matemática que estuda os sistemas de numeração e as operações elementares: adição, subtração, multiplicação e divisão.

P. 186

ARMA *substantivo feminino*
Instrumento de ataque ou defesa. Pode ferir ou matar.

ARMADILHA *substantivo feminino*
Laço ou aparelho para caçar animais.
➡ Cilada para enganar alguém.

ARMÁRIO *substantivo masculino*
Móvel de madeira, metal ou outro material, com prateleiras e gavetas para guardar objetos.

P. 64

ARMAZÉM *substantivo masculino*
Espaço grande usado para guardar ou vender produtos.

ARQUEOLOGIA *substantivo feminino*
Ciência que estuda as civilizações antigas a partir de materiais (como ossos, dentes, esculturas, documentos e pedras com inscrições) encontrados em escavações.

ARROZ *substantivo masculino*
Planta forte, com ramos cheios de grãos brancos.

➡ O grão dessa planta.
➡ Cereal

ARRUMAR *verbo*
Colocar em ordem, ajeitar coisas espalhadas, ou uma confusão.
➡ Arranjar

arte

ARTE *substantivo feminino*

Manifestação de criatividade do homem, que se expressa de diferentes formas: escultura, pintura, música, literatura, dança, teatro, fotografia, cinema e arquitetura.

arquitetura

música

pintura

fotografia

arte

cinema

escultura

literatura

arte popular

teatro

ARTISTA *substantivo masculino e feminino*
Pessoa que cria arte.
O pintor, o escultor, o escritor e o ator são exemplos de artistas.

P. 28

ÁRVORE *substantivo feminino*
Planta com tronco, galhos, folhas e raízes.

ASA *substantivo feminino*
Membros laterais dos animais voadores, muitas vezes cobertos de penas.

ÁSPERO *adjetivo*
Superfície desagradável de ser tocada: parece arranhar.
⭐ Qualidade da fala dura, brava, de censura a alguém.

ASSAR *verbo*
Cozinhar alimentos em forno ou fogo direto.
➤ Cozinhar

ASSENTO *substantivo masculino*
Lugar onde se senta: sofá, poltrona, banco, cadeira.

ASSINATURA *substantivo feminino*
O nome da pessoa ou símbolo que o representa escrito à mão, por ela própria e de maneira sempre igual.

ASSUNTO *substantivo masculino*
Aquilo sobre o que se está falando, escrevendo, lendo, pensando.
⭐ Tema ou matéria de estudo, reportagem, carta.

ASSUSTAR *verbo*
Ação de provocar susto em alguém, amedrontar.
➤ Amedrontar, Susto

astro   ato

ASTRO *substantivo masculino*
Todos os corpos celestes: Sol, Terra, Lua, estrelas, planetas.

ASTRONAUTA *subst. masc. e fem.*
Pessoa treinada para participar das viagens pelo espaço planetário.
 Espaço, nave

ATABAQUE *substantivo masculino*
Instrumento musical de percussão. Pequeno barril, com superfície de couro bem esticado, onde se bate com as mãos.
Tambor

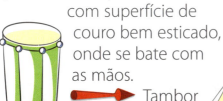

ATENÇÃO *substantivo feminino*
Ação de se concentrar ou de fixar o pensamento em algo.

ATIVIDADE *substantivo feminino*
Toda ação, ocupação ou trabalho.

ATLETA *substantivo masculino*
Pessoa que se dedica profissionalmente aos esportes.
Esporte

ATMOSFERA *substantivo feminino*
Camada de ar que envolve a Terra.
Ar

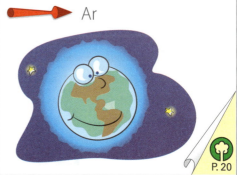

P. 20

ATO *substantivo masculino*
Ação. Aquilo que se faz ou que se pode fazer.

ATOR *substantivo masculino*
Artista que representa em teatro, televisão, cinema, circo e outros espetáculos.
➤ Teatro

P. 28

ATRAPALHAR *verbo*
Ação de confundir, misturar, perturbar.

ATUM *substantivo masculino*
Grande peixe marinho de carne vermelha, muito usado na alimentação.
➤ Peixe, Alimento

AUDIÇÃO *substantivo feminino*
Sentido por meio do qual ouvimos os sons.
➤ Sentido

AULA *substantivo feminino*
Momento no qual professor e aluno estão juntos para conhecer determinado tema, problema, ou assunto.

AURORA *substantivo feminino*
Claridade que observamos antes do nascer do Sol. É o início de um novo dia.

AUTOMÁTICO *adjetivo*
Algo que se move ou funciona sem a ajuda de uma pessoa.

AUTOMÓVEL *substantivo masculino*
Meio de transporte terrestre com quatro rodas, movido a motor.
➤ Veículo

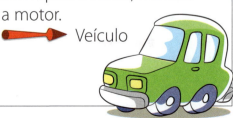

AUTOR *substantivo masculino*
Aquele que escreve livros, pinta quadros, compõe músicas.
➡ O responsável por determinada ação.

AVE *substantivo feminino*
Animal vertebrado que tem bico, duas patas, duas asas e o corpo coberto de penas. Botam ovos para que nasçam seus filhotes.
➡ Pássaro

AVENIDA *substantivo feminino*
Rua ampla, em geral muito comprida, com árvores, casas e prédios.
➡ Rua

AVENTAL *substantivo masculino*
Peça de pano ou de couro, usada para proteger a roupa contra sujeiras.

AVENTURA *substantivo feminino*
Situação em que são vividas emoções novas, de risco ou de prazer, fora da rotina do dia a dia.

AVESTRUZ *substantivo masc. e fem.*
Ave grande, de pescoço comprido e pernas longas que corre muito rápido.
➡ Ave, ema

AVIÃO *substantivo masculino*
Veículo de transporte aéreo movido a motor, com grandes asas.
➡ Veículo, aeroporto

Santos Dumont foi um dos inventores do avião.

AZEITE *substantivo masculino*
Óleo extraído da azeitona ou de outras frutas e sementes.
➡ Óleo

33

B *substantivo masculino*
Segunda letra do nosso alfabeto.

BABÁ *substantivo feminino*
Nome dado à pessoa que cuida das crianças pequenas e dos bêbes.

BACALHAU *substantivo masculino*
Peixe que vive em mares de águas muito frias. Quando salgada e seca, sua carne conserva-se por muitos meses.
 Alimento

BACIA *substantivo feminino*
Vasilha redonda, larga e pouco funda. É usada para lavar roupas, objetos, legumes e animais.

BAGAGEM *substantivo feminino*
Conjunto de malas, pacotes, baús e objetos que os viajantes carregam.
➤ Viagem

BAGUNÇA *substantivo feminino*
Confusão ou desordem.
➤ Confusão

34

baião   balão

BAIÃO *substantivo masculino*
Dança e canto popular do Nordeste. O baião é tocado com sanfona, triângulo, zabumba e violão.

BAIRRO *substantivo masculino*
Partes em que é dividida uma cidade.
 Parte

BAIXO *adjetivo*
Que tem pouca altura.
 Som que mal se ouve.
 Instrumento musical de som grave, no formato de uma guitarra (baixo elétrico) ou de um violino grande (baixo acústico).

BALA *substantivo feminino*
Pequeno doce, de vários sabores e cores. Tem diversos nomes: bala, drope, caramelo. Em geral vem embrulhada em papel.
 Objeto de metal usado em arma de fogo.

BALANÇA *substantivo feminino*
Instrumento que mede o peso das coisas e pessoas.
 Pesar

BALANÇAR *verbo*
Fazer uma coisa se mover de um lado para o outro.

BALANÇO *substantivo masculino*
Movimento de vaivém.
 Brinquedo: tábua ou assento preso em duas cordas, que se move para frente e para trás.

BALÃO *substantivo masculino*
Brinquedo de papel aberto embaixo, onde se acende fogo para que ele suba, muito comum no São João.
 Balão voador: parece de brinquedo, mas transporta pessoas ou cargas pelo ar.
 Desenho em que se escrevem as falas e os pensamentos nas histórias em quadrinhos.
 Veículo

35

baleia   bandeira

BALEIA *substantivo feminino*

Mamífero de grande porte que vive no mar.
➜ Mamífero, aquático

*Pinóquio encontrou Gepeto dentro da barriga da **Baleia**.*
Pinóquio, Carlo Collodi.

BANANA *substantivo feminino*

Fruto comprido, sem sementes, que dá em grandes cachos numa pequena árvore, a bananeira.
➜ Alimento, cacho

BANCO *substantivo masculino*

Móvel que serve para sentar. Pode ter encosto ou não.
✦ Prédio onde as pessoas movimentam dinheiro: fazem pagamentos, empréstimos.
➜ Móvel

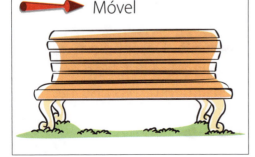

BANDA *substantivo feminino*

Conjunto de músicos que tocam juntos.
✦ Lado de alguma coisa.

P. 198

BANDEIRA *substantivo feminino*

Pano de várias cores ou desenhos que representa um país, um estado, uma cidade, um clube.

*A **bandeira** de cada país é vista e respeitada como o símbolo que o representa entre as demais nações.*

bandido   baralho

BANDIDO *substantivo masculino*
Indivíduo que comete crimes: assalta, rouba, mata.

BANDOLIM *substantivo masculino*
Instrumento musical com quatro cordas duplas, que é tocado com uma palheta.

P. 198

BANHEIRA *substantivo feminino*
Bacia grande, própria para se tomar banho. Pode ser de ferro, louça ou outros materiais.

BANHEIRO *substantivo masculino*
Lugar da casa onde se toma banho ou se faz a higiene. Normalmente contém banheira, chuveiro, pia, vaso sanitário.

P. 64

BANHO *substantivo masculino*
É a atividade de lavar o corpo com água e sabão, para deixá-lo limpo.

P. 252

BARALHO *substantivo masculino*
Coleção de cartas para jogar. O baralho mais conhecido tem 52 cartas, divididas em quatro naipes: paus, espadas, ouros e copas.

*Você não passa de uma simples carta de **baralho**!*
Alice no País das Maravilhas, Lewis Carroll.

37

BARATA *substantivo feminino*

Inseto de corpo achatado, asas grossas e patas com muitos espinhos. Pode transmitir doenças, pois anda em lugares muito sujos.

 Inseto

BARATO *adjetivo*

Algo que custa pouco ou tem preço baixo, em comparação com outros objetos.

BARCO *substantivo masculino*

Pequeno veículo sem cobertura, que navega sobre os rios ou o mar com a ajuda de remos ou motor.

 Qualquer veículo que navega nos rios ou no mar.

Veículo

BARRACO *substantivo masculino*

Casa pequena, em geral feita de madeira.

 Habitação

BARRANCO *substantivo masculino*

Lugar de terra escavado por enxurradas das chuvas ou pelo próprio homem.

Precipício, despenhadeiro.

BARULHO *substantivo masculino*

Ruído feito por algo.

Som alto, barulho.

BASQUETE *substantivo masculino*

Esporte disputado por duas equipes com cinco jogadores cada. O objetivo é acertar a bola dentro da cesta do adversário, colocada em um lugar alto.

Esporte

batata · beija-flor

BATATA *substantivo feminino*
Planta que dá frutos parecidos com raízes: nascem embaixo da terra. Come-se cozida, assada ou frita.
→ Alimento

BATE-PAPO *substantivo masculino*
Conversa entre amigos.

BATER *verbo*
Dar pancadas em alguém; surrar; agredir.
→ Esbarrar em alguma coisa, ou fechar algo com força.
→ Agitar, remexer com força.

BATERIA *substantivo feminino*
Conjunto de instrumentos de percussão tocado por uma só pessoa.
→ Conjunto de pilhas que produzem energia elétrica.
→ Eletricidade

P. 198

BEBÊ *substantivo masculino*
Nenê.
→ Filhote, babá

P. 126

BEBER *verbo*
Engolir algo líquido.

BEBIDA *substantivo feminino*
Todo e qualquer líquido que se bebe: água, suco, refrigerante, chá, leite.

BEIJA-FLOR *substantivo masculino*
Pássaro com bico comprido e fino que fica parado no ar para se alimentar do néctar das flores. Pode voar para trás e para frente.

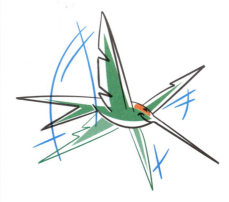

39

beijar   berimbau

BEIJAR *verbo*
Tocar algo com os lábios em geral com carinho. Dar beijos.

BELISCAR *verbo*
Apertar a pele ou a carne de alguém entre as pontas dos dedos.
➡ ⭐ Comer aos poucos, ao longo do tempo.

BELO *adjetivo*
Muito bonito.

BEM *substantivo masculino*
Tudo o que é bom.
➡ Mal

*Rapunzel gostava de fazer o **bem** para as pessoas.*
Rapunzel, conto de tradição popular.

BEM-TE-VI *substantivo masculino*
Uma das aves mais populares do Brasil. Quando canta, parece dizer "bem te vi" – daí o seu nome. Os índios o chamam de **pitanguá**.
➡ Pássaro

BERÇO *substantivo masculino*
Cama pequena, para crianças e bêbes. É fundo e tem grades de proteção.

BERIMBAU *substantivo masculino*
Instrumento musical popular, muito usado na capoeira.
➡ Capoeira, instrumento

P. 198

bermuda   bicho

BERMUDA *substantivo feminino*
Calça que vai até o joelho.
➤ Vestuário

BERRAR *verbo*
Gritar. Soltar a voz com força, por causa de alguma emoção forte, como a dor, a raiva, a alegria.

BESOURO *substantivo masculino*
Inseto com duas asas moles que ficam dobradas por baixo de duas asas duras. Tem zumbido forte e prejudica as lavouras.
➤ Inseto

BETERRABA *substantivo feminino*
Planta de raiz grossa, doce e vermelha, quase roxa. Usa-se para fazer saladas. Alguns países produzem açúcar com ela.
➤ Alimento, açúcar

BEXIGA *substantivo feminino*
Espécie de saco, situado na parte interna da barriga, que serve para guardar o líquido do corpo até ele sair em forma de xixi (urina).
➤ ⭐ Balão de borracha ou plástico. Quando está cheio de ar, serve de brinquedo ou enfeite de festa. Balão.
➤ Xixi, Balão

P. 84

BIBLIOTECA *substantivo feminino*
Coleção de livros.
➤ ⭐ Prédio onde se guardam livros para consulta do público.
➤ ⭐ Sala onde se colocam as estantes de livros.
➤ Livro

BICHO *substantivo masculino*
Nome dado a animais em geral.
➤ Animal

41

BICHO-PAPÃO *substantivo masculino*

Figura do folclore brasileiro trazida pelos portugueses. Diz o povo que ele vem pegar as crianças desobedientes ou que não querem dormir.

*Cuidado com o **bicho-papão**!*

BICICLETA *substantivo feminino*

Veículo com duas rodas, uma atrás da outra, que se movimentam por pedais.

 Veículo

BICO *substantivo masculino*

Parte dura e pontuda da boca das aves.

⭐ Parte pontuda de qualquer objeto.

➡ Ave

BIFE *substantivo masculino*

Fatia de carne que em geral se come frita.

BILHETE *substantivo masculino*

Pequena carta que se escreve para alguém.

⭐ Passagem que se compra para viajar em ônibus, metrô, avião e outros transportes.

⭐ Entrada que se compra na bilheteria de cinemas, circos, teatros e outros tipos de espetáculo.

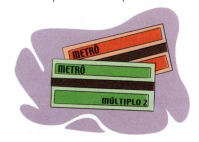

42

binóculo   bobo

BINÓCULO *substantivo masculino*
Instrumento com duas lentes que aumentam o tamanho das coisas.
Com ele, vemos de perto aquilo que está longe.

BIOGRAFIA *substantivo feminino*
Texto escrito que conta a vida de alguém.

BÍPEDE *substantivo masculino*
Animal que anda sobre dois pés.

BISCOITO *substantivo masculino*
Alimento feito com farinha, em geral pequeno e crocante. Pode ser doce ou salgado. Bolacha.
→ Alimento

BLOCO *substantivo masculino*
Conjunto de folhas de papel presas de um lado só, que podem ser destacadas facilmente.
→ ⭐ Pedaço grande, duro e pesado de alguma matéria, como pedra, gelo ou madeira.
→ ⭐ Conjunto de pessoas que se fantasiam da mesma maneira para se divertirem juntas no Carnaval.

BLUSA *substantivo feminino*
Roupa que cobre a parte de cima do corpo.
→ Vestuário

BOBAGEM *substantivo feminino*
Algo que a gente faz ou diz sem pensar ou sem saber direito se é certo ou não.

BOBO *substantivo masculino*
Quem faz ou diz bobagens.

43

BOCEJAR *verbo*

Abrir bem a boca e respirar forte quando se está cansado ou com sono.

*Pare de **bocejar**, Soneca!*
Branca de Neve e os Sete Anões, conto de tradição popular.

BOCHECHAR *verbo*

Agitar um liquído dentro da boca fechada, mexendo com força as bochechas.

BODE *substantivo masculino*

Mamífero caprino. Macho da cabra.
➤ Mamífero

BOI *substantivo masculino*

Animal doméstico, com quatro patas, rabo e chifres. Sua carne é usada na alimentação. Com seu couro fazem-se calçados, bolsas, cadeiras e outros objetos. Macho da vaca.
➤ Mamífero, bumba meu boi

44

boiar   boné

BOIAR *verbo*
Ficar equilibrado na superfície da água sem afundar, usando uma boia ou não.

BOLSA *substantivo feminino*
Espécie de sacola que serve para carregar coisas de uso diário.

BOLSO *substantivo masculino*
Espécie de saco pregado a uma peça do vestuário para carregar coisas miúdas.
➡ Vestuário

BOM *adjetivo*
Aquele que é generoso e faz o bem para os outros.
➡ Aquilo que é saboroso e agradável.
➡ Bem, agradável

BOMBEIRO *substantivo masculino*
Pessoa que trabalha no Corpo de Bombeiros. Apaga incêndios e salva pessoas que estão em perigo por causa de algum acidente.
➡ Acidente, incendiar

BONÉ *substantivo masculino*
Peça para cobrir a cabeça, com uma pequena aba para proteger os olhos.
➡ Vestuário

45

BONECA *substantivo feminino*

Brinquedo feito de pano, plástico, louça ou outro material, que imita a forma feminina de mulher, nenê, bruxinha etc. É um dos brinquedos mais queridos das meninas.

BORBOLETA *substantivo feminino*

Inseto que possui quatro asas coloridas. Suga o néctar das flores e carrega o pólen de uma flor para outra, ajudando a fazer nascer nova flor.
➡ Inseto, metamorfose, lagarta

BONITO *adjetivo*

Belo, atraente.
➡ Algo agradável de ouvir ou de ver.

BORRACHA *substantivo feminino*

Goma leitosa tirada da seringueira e de outras plantas. Serve para fazer pneus e outros objetos.
➡ Pedaço de borracha usado para apagar o que está escrito a lápis.

BOSQUE *substantivo masculino*

Lugar cheio de árvores. Pequena floresta, mata.
➡ Floresta, mata

Chapeuzinho Vermelho atravessou o **bosque** pelo caminho mais comprido.
Chapeuzinho Vermelho, conto de tradição popular.

46

bota   brilhante

BOTA *substantivo feminino*

Calçado de cano longo, geralmente de couro, que chega até o meio da perna ou até o joelho.

*Gato de **Botas** ficou apavorado e num pulo foi parar no telhado.*
O Gato de Botas, conto de tradição popular.

BOTÃO *substantivo masculino*

É a flor antes de se abrir em pétalas.
→ ⭐ Pequeno objeto redondo usado no vestuário para fechar-lhe algumas partes. Para isso, passa-se o botão por um buraco (a casa).
→ Vestuário, flor

BRAVO *adjetivo*

Aquele que está com raiva, zangado.

BOTO *substantivo masculino*

Mamífero parecido com o golfinho. Pode viver em água doce ou salgada.
→ Golfinho, mamífero

BRILHANTE *adjetivo*

Que tem brilho, é cintilante.
→ ⭐ Que se destaca pela inteligência, pelo talento ou pela sabedoria.

47

brincadeira

BRINCADEIRA *substantivo feminino*
Ato de brincar.
⭐ Jogo, divertimento, principalmente de crianças.

roda

bicicleta e skate

trepa-trepa

futebol

brincadeira

balanço

escorregador

gangorra

cabra-cega

corda

bolinha de gude

amarelinha

49

BRINCAR *verbo*

Divertir-se com brinquedos ou com amigos.

➡️ Imaginar, fazer ou falar coisas para rir e se alegrar.

BRINQUEDO *substantivo masculino*

Objeto usado para brincar. Pode ser de vários tipos, como boneca, carrinho, patins.

BRUXA *substantivo feminino*

Feiticeira, mulher com poderes mágicos. Personagem dos contos de fada, que representa o Mal. Em geral, voa numa vassoura encantada e faz feitiços num caldeirão.

➡️ Mal, feitiçaria, mágica

*A **Bruxa** preparou uma maçã envenenada para Branca de Neve.*
Branca de Neve e os Sete Anões, conto de tradição popular.

bumba meu boi — búzio

BUMBA MEU BOI *substantivo masc.*
Espetáculo folclórico muito popular no Brasil, também chamado de boi-bumbá ou boi de mamão. Mistura dança, canto e teatro. O personagem principal é um boi que morre e ressuscita.
➤ Boi

P. 136

BURACO *substantivo masculino*
Abertura, geralmente redonda, feita pelo homem ou pela natureza ou animais.
★ Furo que atravessa algum objeto.

BURRO *substantivo masculino*
Mamífero, filho de jumento com égua. Por ser muito resistente, é usado nas áreas rurais para transportar carga.
➤ Mamífero

BUSCAR *verbo*
Procurar algo ou alguém.
★ Ir a algum lugar e trazer (ou levar) de lá alguém ou algo.

BÚSSOLA *substantivo feminino*
Instrumento usado desde os tempos antigos para orientar os caminhos dos viajantes. Caixa pequena com tampa de vidro. No centro, há um ponteiro que aponta sempre para o norte.

BUZINA *substantivo feminino*
Aparelho que produz um som forte para chamar a atenção ou avisar sobre alguma coisa. Usado em automóveis, bicicletas, caminhões, motos.

BÚZIO *substantivo masculino*
Animal de corpo mole que vive dentro de uma concha espiralada, no fundo do mar ou em pedras próximas da areia.
★ A concha do búzio.

51

C *substantivo masculino*
Terceira letra do nosso alfabeto.

CAATINGA *substantivo feminino*
Vegetação comum no sertão nordestino, de plantas baixas com espinhos e poucas folhas.

CABANA *substantivo feminino*
Casa simples e pequena, geralmente no campo e feita de madeira ou de sapé.
➡ Casinha de lençol que as crianças armam para brincar.

CABEÇA *substantivo feminino*
Parte mais alta do corpo, onde estão os nossos olhos, nariz, boca, orelhas, ouvidos e o cérebro.

CABELO *substantivo masculino*
Pelo que quando muitos cobrem parte da cabeça e nunca param de crescer.

CABER *verbo*
Poder estar dentro de algo, sem faltar espaço.
➡ Poder entrar ou passar por algum lugar.

cabo   cachoeira

CABO *substantivo masculino*
Parte externa de uma panela ou instrumento por onde se pode segurar. Em geral é comprido.

CABOCLO *substantivo masculino*
Mestiço, filho de branco com índio.

CABRA *substantivo feminino*
Mamífero caprino. Fêmea do bode.
→ Mamífero, bode

CAÇAR *verbo*
Perseguir animais para prender ou matar, com armas de fogo, armadilhas, redes e laços.

CACAU *substantivo masculino*
Pequeno fruto de casca dura e polpa branca, doce. Com suas sementes se faz o chocolate.
→ Chocolate, alimento

CACHO *substantivo masculino*
Conjunto de frutos ou de flores que nascem juntos uns dos outros, no mesmo galho. Penca.
→ Pequena mecha de cabelo enrolado, em forma de anel ou caracol.
→ Banana, uva

CACHOEIRA *substantivo feminino*
Queda de água em um rio, de uma parte alta do terreno para outra bem baixa. Catarata, salto.

cachorro   caderno

CACHORRO *substantivo masculino*

Mamífero carnívoro da família dos lobos e das hienas que no mundo todo se encontra como animal doméstico. Cão.
⭐ Cachorro-quente: sanduíche com uma salsicha no meio de um pão macio e comprido.
➡ Mamífero, animal, doméstico

CADÁVER *substantivo masculino*

Corpo de gente ou de animal que não tem mais vida.
➡ Cemitério, túmulo

CADEIRA *substantivo feminino*

Móvel que serve para as pessoas se sentarem. Pode ser feita de vários materiais e ter diversas formas.
➡ Móvel

CACTO *substantivo masculino*

Planta nativa em terras secas. É toda coberta de espinhos duros, que parecem agulhas. O mandacaru é um cacto da caatinga.
➡ Deserto, caatinga

CADELA *substantivo feminino*

Fêmea do cachorro.
➡ Cachorro

CADERNO *substantivo masculino*

Conjunto de folhas de papel presas, que servem para se fazerem anotações.
➡ Papel

CAÇULA *substantivo masculino e feminino*

Nome familiar que se dá ao filho mais novo de uma família.

P. 126

P. 114

café   caipora

CAFÉ *substantivo masculino*
Bebida preta e amarga popular no mundo todo.
→ ⭐ Fruto do cafeeiro. Depois de torrado e moído, é com ele que se faz o café.
→ Bebida

CAIPIRA *substantivo masculino e feminino*
Pessoa que mora no campo ou na roça.

A figura do Jeca-Tatu (criada por Monteiro Lobato) durante muitos anos representou o caipira brasileiro.

CÁGADO *substantivo masculino*
Réptil da família das tartarugas e dos jabutis. Tem o pescoço comprido e o casco duro. Vive na terra e na água rasa.
→ Réptil, tartaruga, jabuti

CAIPORA *substantivo feminino*
Figura folclórica tupi. Protege as árvores e a caça e persegue os caçadores. Aparece em várias formas assustadoras. Caapora.

A **caipora** é a protetora dos animais da floresta.
Caipora ou Caapora, lenda do folclore brasileiro.

P. 136

CAIR *verbo*
Ir ao chão depois de escorregar, tropeçar ou se jogar.

CAIXA *substantivo feminino*
Objeto oco feito de madeira, papelão ou outros materiais. Serve para guardar e transportar coisas.

CAJU *substantivo masculino*
Fruto do cajueiro, de polpa macia e muito suco, que serve para fazer refrescos. Sua semente se chama castanha e também se come, depois de torrada.
➡ Alimento

CALÇADA *substantivo feminino*
Caminho na rua onde andam as pessoas e os animais pequenos, mas não os carros e outros veículos.
➡ Rua

CALÇADO *substantivo masculino*
Peça do vestuário usada para cobrir e proteger os pés. Em geral é feito de couro e tem sola dura.
➡ Vestuário

CALÇAR *verbo*
Pôr o calçado nos pés.

CALCULAR *verbo*
Fazer contas para resolver um problema.
➡ ⭐ Imaginar, fazer ideia sobre alguma coisa.

P. 186

CALDA *substantivo feminino*
Água com açúcar, cozida até ficar um pouco grossa. Pode ser feita com suco de frutas em vez de água.

CALENDÁRIO *substantivo masculino*
Folha ou folheto que marca os dias, as semanas, os meses do ano e os feriados ou festas de santos.
➡ Tempo

caligrafia · cambalhota

CALIGRAFIA *substantivo feminino*
O modo de cada pessoa escrever com sua própria mão as letras e os números.

CALMO *adjetivo*
Sossegado; tranquilo; sereno.

CALOR *substantivo masculino*
Sensação que temos quando estamos em lugar quente ou chegamos perto do fogo ou de objeto aquecido.

CAMA *substantivo feminino*
Móvel com colchão, onde deitamos para dormir ou descansar.
➤ Dormir

P. 64

CAMALEÃO *substantivo masculino*
Pequeno lagarto que muda de cor conforme a cor do lugar onde está, confundindo-se com o ambiente.
➤ Lagarto

CAMARÃO *substantivo masculino*
Animal de corpo longo e coberto por uma casca fina, com 10 patas. Vive tanto na água doce quanto na salgada. Usado na alimentação.
➤ Aquático

CAMBALHOTA *substantivo feminino*
Volta que se dá com o corpo, pondo a cabeça para baixo, rolando sobre as costas e voltando à posição normal.

P. 48

57

CAMELO *substantivo masculino*

Mamífero que vive no deserto e é usado para transportar cargas e pessoas. Tem duas corcovas nas costas.

▶ Ruminante, deserto

A porta se abriu e Ali Babá entrou no pátio com seus camelos.
As Mil e Uma Noites, autoria desconhecida.

CAMINHÃO *substantivo masculino*

Veículo de transporte terrestre usado para levar carga. Pode ter mais de quatro rodas, para suportar cargas muito pesadas.

▶ Veículo

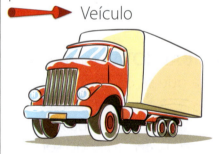

CAMINHO *substantivo masculino*

Lugar aberto para caminhar ou se locomover, que conduz a algum lugar.

▶ Estrada, rua, rodovia, ferrovia

CAMINHAR *verbo*

Percorrer a pé um caminho. Andar.

CAMPEÃO *substantivo masculino*

Aquele que venceu um campeonato fazendo o maior número de pontos ou chegando em primeiro lugar.

campo   canhoto

CAMPO *substantivo masculino*
Terreno grande, plano, sem casas, com poucas árvores.
⭐ Lugar especialmente preparado para jogar futebol, vôlei ou outro esporte.
⭐ Região rural.

CANA-DE-AÇÚCAR *subst. feminino*
Planta de cujo caule se extrai o açúcar.

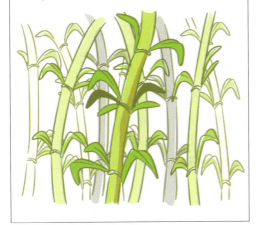

CANÁRIO *substantivo masculino*
Pássaro pequeno que tem um canto musical. Anda em bandos e come sementes.
➤ Pássaro

CANÇÃO *substantivo feminino*
Composição musical com palavras para serem cantadas.
➤ Composição

CANGACEIRO *substantivo masculino*
Bandido do sertão nordestino, que andava em bando.
➤ Bandido

*O mais famoso **cangaceiro** foi Lampião.*

CANGURU *substantivo masculino*
Mamífero que vive na Austrália. Anda em grandes saltos e carrega os filhotes numa bolsa que traz na altura da barriga.
➤ Mamífero

CANHOTO *substantivo masculino*
Pessoa que se ajeita melhor usando a mão esquerda, em lugar da direita.
➤ Destro

59

CANO *substantivo masculino*
Tubo de metal ou outro material resistente que serve para conduzir líquidos e gases de um lugar para outro.

CANSAÇO *substantivo masculino*
Fraqueza causada por muita atividade física ou mental, ou por alguma doença.

CANTAR *verbo*
Usar a voz para produzir sons musicais.
➡ Canção, cantor

CANTOR *substantivo masculino*
Aquele cuja profissão é cantar, em geral acompanhando uma orquestra ou banda.
➡ Banda, canção, cantar

CAPA *substantivo feminino*
Peça do vestuário, usada por cima das outras roupas, para proteger do frio, do vento, da chuva.
➡ Tudo que cobre objetos ou coisas, para protegê-los.

CAPÍTULO *substantivo masculino*
Partes em que se divide um livro, uma novela, um seriado.
➡ Episódio, livro

CAPIVARA *substantivo feminino*
Maior mamífero roedor do Brasil. Vive às margens dos rios e nada muito bem.
➡ Roedor

capoeira   caravela

CAPOEIRA *substantivo feminino*
Luta e jogo brasileiros. Criada pelos negros escravos.

CARACTERÍSTICA *substantivo fem.*
Qualidade fundamental que alguma coisa ou pessoa tem e que serve para diferenciá-la entre outras coisas e pessoas.

CARAMUJO *substantivo masculino*
Animal que vive na água doce ou salgada. Seu corpo mole é coberto por uma concha grossa e dura. Caracol.

CARANGUEJO *substantivo masculino*
Animal com 10 patas e casca dura e grossa. Pode viver na água salgada, em água doce ou na terra. Usado na alimentação.
➤ Mangue

CAQUI *substantivo masculino*
Fruto do caquizeiro, de cor vermelha, com gomos doces.
➤ Alimento

CARAVELA *substantivo feminino*
Embarcação a vela, com três mastros, usada pelos navegantes europeus nos séculos XV e XVI.

*Cabral ancorou suas **caravelas** em Porto Seguro quando descobriu o Brasil.*

61

CARDÁPIO *substantivo masculino*
Lista das comidas e bebidas que são servidas em um bar ou em um restaurante. Em geral também indica os preços de cada coisa.

CARECA *adjetivo*
Qualidade da pessoa que perdeu os cabelos ou os cortou muito curtos.

CARIMBO *substantivo masculino*
Objeto de metal, madeira ou borracha, com figuras, letras ou palavras, que serve para marcá-las em papel ou outras superfícies.
➤ Imprimir

CARINHO *substantivo masculino*
Demonstração amorosa. Carícia.

CARNAVAL *substantivo masculino*
Festa de muita alegria, em que as pessoas se fantasiam. Dura três dias e termina na quarta-feira de Cinzas.
➤ Festa

CARNE *substantivo feminino*
Parte do corpo do homem e dos animais que cobre os ossos.
P. 84

CARNEIRO *substantivo masculino*
Mamífero domesticado que produz lã, carne e couro. Macho da ovelha.
➤ Mamífero, gado

CARNÍVORO *adjetivo*
Que se alimenta de animais.
 Herbívoro

CAROÇO *substantivo masculino*
É a semente dura que fica dentro de alguns frutos.

CARPINTEIRO *substantivo masculino*
Profissional que constrói e monta objetos de madeira: móveis, portas, armários, janelas.
 Madeira

CARRAPATO *substantivo masculino*
Pequeno animal da família das aranhas que se alimenta de sangue: ele se agarra à pele de outro animal para chupar o seu sangue.
 Parasita

CARREGAR *verbo*
Pegar algo e levá-lo para outro lugar.

CARRO *substantivo masculino*
Veículo terrestre, com rodas, que serve para levar pessoas ou cargas. Pode ser movido a motor, como os automóveis, ou puxado por animais, como o **carro** de bois.
 Veículo

CARTA *substantivo feminino*
Mensagem escrita para alguém. Em geral é enviada por correio.
⭐ Carta do baralho.
 Baralho, mensagem

CARTAZ *substantivo masculino*
Papel grande com aviso, notícia ou anúncio que é colocado num lugar público para ser lido por muitas pessoas.

CARVÃO *substantivo masculino*
Material sólido, de origem mineral ou vegetal, que é muito usado como combustível.
 Combustível

casa

CASA *substantivo feminino*
Lugar onde se mora.
Residência.
➜ Habitação

casa rural

casa urbana

sala

quarto

banheiro

cozinha

casa

apartamentos

conjunto habitacional

A oca é a casa dos indígenas.

O iglu é a casa dos esquimós.

casa sobre palafitas

cabana

CASAL *substantivo masculino*
Par formado por macho e fêmea, ou por marido e mulher.
→ Par

CASCA *substantivo feminino*
Espécie de pele que cobre as frutas, sementes, troncos, caules e o corpo de alguns animais.

CASCAVEL *substantivo feminino*
Cobra venenosa que possui um chocalho ou guizo na ponta da cauda. Vive nos campos.
→ Cobra, serpente, réptil

CASTELO *substantivo masculino*
Grande residência, protegida por muralhas, com torres e fosso.

CASTIGAR *verbo*
Punir alguém ou algum animal por ter feito alguma coisa de que não se gostou.

CAULE *substantivo masculino*
Parte das plantas que liga a raiz às folhas.

CAVALO *substantivo masculino*
Mamífero domesticado usado no esporte (equitação) e como meio de transporte.
→ Mamífero

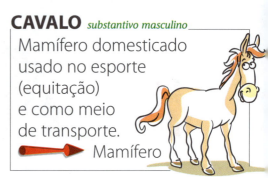

CAVALO-MARINHO *subst. masc.*
Peixe que se parece com o cavalo, daí o seu nome.
★ Um dos nomes do bumba meu boi.
→ Peixe

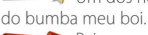
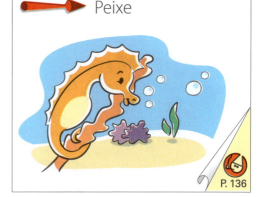

CAVAR *verbo*
Ação de fazer buraco na terra, na areia.

CAVERNA *substantivo feminino*

Local cavado na rocha ou na montanha. Pode servir de abrigo a animais e a homens. Gruta.

*Ali Babá gritou: Abre-te, Sésamo! E a **caverna** abriu-se, mostrando as riquezas ali escondidas.*
As Mil e Uma Noites, autoria desconhecida.

CEBOLA *substantivo feminino*

Planta criada em horta. Tem caule curto e forma arredondada. Muito usada como tempero.

 Tempero

CEGO *substantivo masculino*

Aquele que não enxerga, não pode ver.

 Visão, ver, enxergar

CELESTE *adjetivo*

Aquilo que está ou aparece no céu.

 Céu

CEMITÉRIO *substantivo masculino*

Lugar onde são enterrados os corpos das pessoas mortas. Campo-santo.

 Cadáver, túmulo

CENOURA *substantivo feminino*
Raiz alaranjada que se come crua ou cozida.
→ Alimento

CENTRO *substantivo masculino*
Meio de um espaço qualquer.
⇒ Área de uma cidade onde ficam muitas lojas e empresas.

CERÂMICA *substantivo feminino*
Arte de fabricar objetos com argila ou barro.
⇒ Objeto que é resultado dessa arte.

CERCA *substantivo feminino*
Obra feita de madeira, arame, bambu, que serve para fechar ou rodear um lugar.

CEREAL *substantivo masculino*
Grãos que servem para a alimentação, como arroz, trigo, milho, soja, feijão.
→ Alimento

CERRADO *substantivo masculino*
Tipo de vegetação comum na região Centro-Oeste, com árvores de galhos tortos e casca grossa. Na época da seca as árvores ficam sem as folhas.

P. 20

CERTO *adjetivo*
Que não tem erro; correto.

céu — chão

CÉU *substantivo masculino*

O ar e as nuvens que envolvem a Terra e compõem a atmosfera.
➤ Espaço onde se situam a Lua, o Sol, as demais estrelas e todos os outros astros.
➤ Atmosfera, astro

CHÁ *substantivo masculino*

Bebida preparada com água quente e folhas secas de plantas.
➤ Bebida

CHAMINÉ *substantivo feminino*

Tubo que liga um local onde se acende fogo (fogão, lareira) com a parte de fora do prédio ou casa, para que a fumaça possa sair.

CHAMAR *verbo*

Atrair a atenção de alguém ou de um animal com a voz, com sons ou com gestos.
➤ Dar nome a alguém. Apelidar.
➤ Convidar para algo.

CHÃO *substantivo masculino*

Lugar por onde se anda. Piso, solo.
➤ Solo

69

chato　　　　　　　　　　　　　　　chiqueiro

CHATO *adjetivo*
Que aborrece, perturba os outros e os deixa chateados.
 Incomodar

CHAVE *substantivo feminino*
Peça que destrava uma fechadura e serve para abrir o que estava fechado.
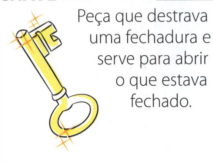

CHEFE *substantivo masculino*
Pessoa que comanda, governa, dirige alguma coisa. Aquele que guia um grupo.
 Líder

CHEIRO *substantivo masculino*
Sensação que percebemos com o nariz, pelo olfato. Aroma, perfume.
 Olfato, perfume

CHEQUE *substantivo masculino*
Papel usado para fazer pagamentos, no lugar do dinheiro que fica guardado no banco.

CHIFRE *substantivo masculino*
Saliência de osso que existe na cabeça de alguns animais.

CHIQUEIRO *substantivo masculino*
Lugar cercado onde se juntam ou se criam porcos.
⟶⭐ Lugar muito sujo, imundo.

70

chocalho · cicatriz

CHOCALHO *substantivo masculino*
Sineta que se põe no pescoço dos animais para poder localizá-los no pasto.
▶︎ ⭐ Instrumento oco, cheio de pedras ou sementes, que faz som quando é sacudido.
▶︎ Gado

P. 198

CHOCOLATE *substantivo masculino*
Pasta ou pó feitos de sementes de cacau, açúcar e outras substâncias. Com ele são feitos doces e bebidas.
▶︎ Cacau, doce

CHORAR *verbo*
Derramar lágrimas de tristeza, raiva ou de tanto rir.

CHUCHU *substantivo masculino*
Fruto do chuchuzeiro, de cor esverdeada. Contém muita água e é usado na alimentação.

CHUPETA *substantivo feminino*
Bico de borracha que as crianças chupam para se acalmarem.

CHUTAR *verbo*
Dar pontapé em algo.

CHUVA *substantivo feminino*
Água em forma de gotas que cai das nuvens, em certas ocasiões.
▶︎ Atmosfera, nuvem, tempo

CICATRIZ *substantivo feminino*
Marca deixada por uma ferida depois de curada.
▶︎ Machucado

71

cidadania

CIDADANIA *substantivo feminino*
Conjunto dos direitos e deveres individuais e políticos das pessoas.

A Constituição Federal é a lei fundamental e suprema de um país.

ORGANIZAÇÃO FEDERAL

O presidente exerce o Poder Executivo.

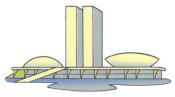
O Poder Legislativo é exercido pelo Congresso Nacional: Câmara dos Deputados e Senado.

O Poder Judiciário é exercido pelo Supremo Tribunal Federal.

ORGANIZAÇÃO ESTADUAL

O Poder Executivo é exercido pelo governador do estado.

A Assembléia Legislativa é o Poder Legislativo.

O Poder Judiciário é exercido pelo Tribunal de Justiça.

ORGANIZAÇÃO MUNICIPAL

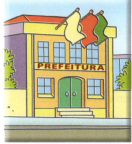
O prefeito exerce o Poder Executivo.

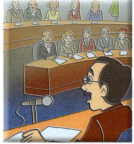
A Câmara de Vereadores representa o Poder Legislativo.

O Poder Judiciário é exercido pelos juízes de direito.

cidadania

AS FORÇAS ARMADAS

Aeronáutica Marinha Exército

DIREITOS DOS CIDADÃOS

direito à educação

direito ao voto

direito à saúde

direito à moradia

direito à segurança

73

cidade

CIDADE *substantivo feminino*
Lugar onde há muitas casas, ruas, praças, escolas, indústrias, comércio e tudo o mais que seja útil à vida das pessoas.

cidade

CIÊNCIA *substantivo feminino*
Conhecimento que tem origem na observação cuidadosa das coisas que acontecem na natureza, para poder explicá-las.

CIGARRA *substantivo feminino*
Inseto com 4 asas transparentes. O macho canta durante o verão.
 Inseto

*Enquanto a **cigarra** cantava, a formiga trabalhava sem parar.*
A Cigarra e a Formiga, La Fontaine.

CIMENTO *substantivo masculino*
Pó que se mistura à água para unir tijolos, pedras e outros materiais numa construção. Quando seco, fica muito duro e difícil de quebrar.

CINEMA *substantivo masculino*
Arte de realizar filmes. Seu realizador é o cineasta.
→ Sala onde se projetam os filmes numa tela grande, diante dos espectadores.
→ Filme

P. 28

CIRCO *substantivo masculino*
Grande tenda de lona, normalmente de forma arredondada, onde se apresentam espetáculos com palhaços, malabaristas, mágicos e domadores de animais selvagens.

ciúme   cocô

CIÚME *substantivo masculino*
Aquilo que se sente quando se tem medo de perder o amor ou a amizade de alguém. Medo de ser substituído, traído ou deixar de ser o preferido para alguém.

CLARINETE *substantivo masculino*
Instrumento musical de sopro feito de madeira ou metal.

CLARO *adjetivo*
Luminoso, brilhante, iluminado.
⟶ Que tem cor pouco forte, aguada.

CLASSE *substantivo feminino*
Alunos que estudam na mesma sala e na mesma turma.
⟶ Conjunto de pessoas, animais ou objetos com alguma coisa em comum.

CLIMA *substantivo masculino*
Conjunto de características da atmosfera de uma certa região.
⟶ Atmosfera

COBRA *substantivo feminino*
Réptil de corpo longo, coberto de escamas. Possui os olhos sempre abertos. Algumas cobras são venenosas.
⟶ Réptil, serpente

COBRIR *verbo*
Colocar alguma coisa por cima de outra. Tampar, envolver.

CÓCEGA *substantivo feminino*
Vontade de rir que se tem quando algumas partes do nosso corpo são tocadas.

COCO *substantivo masculino*
Fruto de uma palmeira, o coqueiro. Tem casca grossa e cheia de fios. Sua polpa branca é muito usada em doces.
⟶ Palmeira, alimento

COCÔ *substantivo masculino*
Parte do alimento comido que o corpo não aproveita e que é eliminado. Fezes.
⟶ Fezes, xixi

77

COELHO *substantivo masculino*
Mamífero pequeno, que se reproduz bastante. Sua carne é usada na alimentação.
 Mamífero

O **Coelho** Branco pôs os óculos e indagou:
– Por onde devo começar, Majestade?
Alice no País das Maravilhas, Lewis Carroll.

COFRE *substantivo masculino*
Caixa ou objeto de madeira, metal ou de outro material resistente. Em geral tem fechadura que só abre quando se conhece o segredo. É usado para guardar dinheiro, joias e outras coisas de valor.
 Dinheiro, joia

COLCHÃO *substantivo masculino*
Tipo de almofada, bem grande, feita de espuma, molas ou outro material, que se coloca sobre o estrado da cama.
Cama

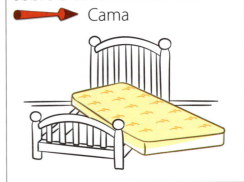

COLAR *verbo*
Unir com cola, grudar.
substantivo masculino
Enfeite ou joia para pendurar no pescoço.
 Vestuário

COLEÇÃO *substantivo feminino*
Reunião ou conjunto de objetos do mesmo tipo ou que têm algo em comum.

coleta   cometa

COLETA *substantivo feminino*
Ato de recolher algo para determinado fim.

COLHEITA *substantivo feminino*
Ato de colher algo que foi plantado antes. Apanha.
 Conjunto de produtos agrícolas que foram colhidos em um período. Safra.
→ Agricultura

COLHER *substantivo feminino*
Objeto que se usa para levar à boca alimentos líquidos ou sólidos ou para mexer a comida. Em geral é de metal ou de plástico.
→ Comer

COLMEIA *substantivo feminino*
Bolsão feito pelas abelhas, onde elas moram e produzem mel e cera.
 Abelha

P. 64

COMBINAR *verbo*
Ficar de acordo com alguém para fazer alguma coisa.
 Unir coisas de forma que as partes formem um todo.

COMBUSTÍVEL *substantivo masculino*
Qualquer matéria que se queime para produzir energia: carvão, álcool, gasolina, querosene.

COMER *verbo*
Mastigar e engolir alimentos.
→ Comida, engolir

COMÉRCIO *substantivo masculino*
Atividade de compra e venda ou troca de produtos.

COMESTÍVEL *adjetivo*
Aquilo que se pode comer.

COMETA *subst. masc.*
Astro iluminado que gira em torno do Sol e cria uma longa cauda luminosa quando se aproxima dele.
→ Astro

79

comida   comum

COMIDA *substantivo feminino*
Aquilo que se come ou que serve para comer.
━━▶ Alimento, fome

COMPANHEIRO *substantivo masc.*
Aquele que acompanha alguém.
━━⭐ Amigo, camarada.
━━▶ Amizade

COMPASSO *substantivo masculino*
Instrumento de madeira, metal ou plástico, que serve para traçar circunferências em desenhos.

COMPETIR *verbo*
Concorrer com alguém para ganhar alguma coisa. Disputar.
━━▶ Campeão, esporte

COMPORTAMENTO *subst. masc.*
Jeito de alguém agir em relação às outras pessoas ou quando está em determinada situação.
━━▶ Educação

COMPOSIÇÃO *substantivo feminino*
Ato de juntar elementos para formar um todo. Pode ser uma frase, uma redação, uma obra de arte.
━━▶ Redação

COMPRAR *verbo*
Adquirir ou obter alguma coisa em troca de dinheiro.
━━▶ Comércio

COMPUTADOR *substantivo masculino*
Máquina utilizada para processar informações, realizar cálculos, desenhos e outras atividades, com rapidez e eficiência.
━━▶ Eletricidade, máquina

COMUM *adjetivo*
Que pertence a muitos ou a todos.
━━⭐ Aquilo que acontece sempre, é normal. Aquilo que é fácil de encontrar.

80

conduzir　　　　　　　　　　　　constelação

CONDUZIR *verbo*
Ir junto com alguém ou alguma coisa indicando o caminho. Guiar, dirigir.
➡️⭐ Trazer ou levar alguma coisa.
➡️ Dirigir, guiar

CONFEITARIA *substantivo feminino*
Lugar onde se fabricam ou se vendem confeitos, doces, bolos.

CONFUSÃO *substantivo feminino*
Falta de ordem ou organização. Tumulto, desorganização.
➡️ Bagunça, desordem

CONHECER *verbo*
Ter informação ou conhecimento sobre alguma coisa; saber.
➡️ Informação

CONJUNTO *substantivo masculino*
Grupo de pessoas que se juntam para realizar um trabalho; equipe.
➡️⭐ Grupo de músicos que se reúnem para tocar. Banda.
➡️⭐ Coleção de partes que formam um todo.

CONSERTAR *verbo*
Arrumar o que está com defeito, rasgado ou quebrado.
➡️ Arrumar

CONSERVAR *verbo*
Cuidar de alguma coisa para tê-la sempre. Fazer durar, impedir que se acabe.
➡️⭐ Cuidar para que algo fique como está, sem mudá-lo.

CONSTELAÇÃO *substantivo feminino*
Grupo de estrelas de uma mesma região do céu.
➡️ Estrela, astro

81

constituição · conversar

CONSTITUIÇÃO *substantivo feminino*
Conjunto das principais leis de um país ou estado, que determina a forma de governo, os direitos e deveres dos cidadãos e dos governantes.
P. 72

CONSTRUÇÃO *substantivo feminino*
Ato de fazer ou construir alguma coisa.
➪ Obra que está sendo (ou que já foi) construída.
➪ Casa

P. 270

CONTAR *verbo*
Ato de verificar a quantidade de qualquer coisa. Fazer a conta.
➪ Dizer os números numa ordem determinada.
➪ Falar ou escrever histórias inventadas ou reais; narrar.

CONTINENTE *substantivo masculino*
Grande espaço de terra cercado pelo oceano. A Terra é dividida em seis continentes: Europa, Ásia, América, África, Oceania e Antártida (continente gelado).

P. 20

CONTRAMÃO *substantivo feminino*
Sentido contrário ao que foi acertado para os veículos em ruas, avenidas e estradas.

CONVERSAR *verbo*
Falar com alguém sobre alguma coisa, escutar o que o outro diz, prestar atenção e depois responder ao que foi dito.

82

convidar   coragem

CONVIDAR *verbo*
Pedir ou chamar alguém para ir a algum lugar ou para fazer alguma coisa.

*Também não acho delicado uma pessoa estranha sentar-se nesta mesa sem ser **convidada**.*
Alice no País das Maravilhas, Lewis Carroll.

COPIAR *verbo*
Reproduzir algo que está escrito ou desenhado em outro lugar.
⭐ Imitar gestos, palavras e atitudes.
➤ Imitar, Reproduzir

COR *substantivo feminino*
Sensação visual que temos quando olhamos algo colorido.
P. 28

CORAÇÃO *substantivo masculino*
Órgão do corpo que manda sangue para todo o organismo. Fica dentro do peito e pulsa sem parar.

P. 84

CORAGEM *substantivo feminino*
Força para enfrentar perigo ou dificuldades.

83

corpo

CORPO *substantivo masculino*
Constituição física de todos os animais. Nosso corpo se divide em três grandes partes: cabeça, tronco e membros.

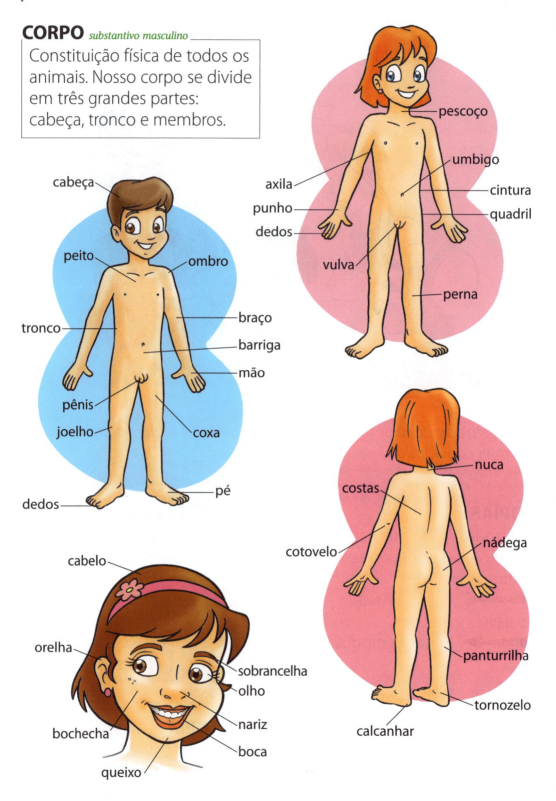

corpo

O ESQUELETO

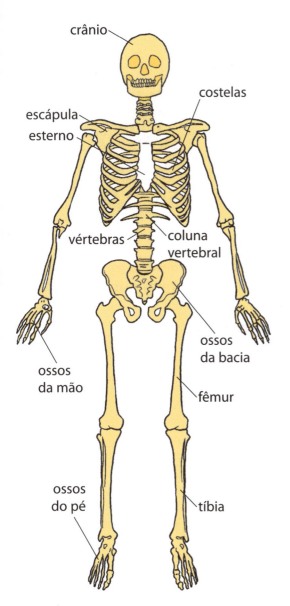

PRINCIPAIS ÓRGÃOS INTERNOS

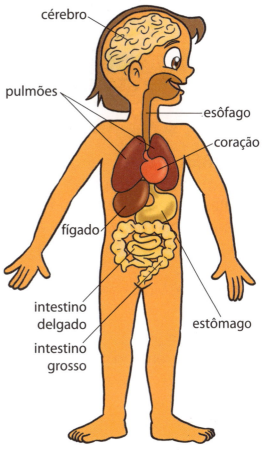

Nosso esqueleto é composto por mais de 200 ossos, além de ligamentos, tendões e cartilagens. Juntamente com os músculos, ele sustenta, dá forma ao corpo das pessoas, possibilita o movimento e protege os órgãos internos.

Em nosso organismo, temos também o pâncreas, que se situa entre o estômago e o intestino, os rins, que ficam atrás dos intestinos, e diversos outros órgãos, responsáveis por diferentes funções.

CORREIO *substantivo masculino*
Serviço público encarregado de enviar cartas, correspondências e objetos para os mais diversos lugares.
▶ Carta

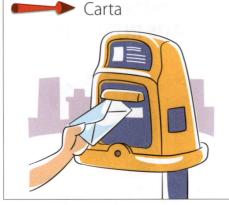

CORRER *verbo*
Mover os pés e as pernas (ou patas, ou rodas) com rapidez, para chegar mais depressa a algum lugar ou ganhar uma corrida.
 Mover-se depressa.

CORRIGIR *verbo*
Consertar, emendar, mudar ou melhorar o que estava errado para ficar certo.
▶ Rasura

CORTAR *verbo*
Dividir algo inteiro em pedaços menores.
 Ferir-se, ou ferir alguém ou algum animal, com algo que corta (faca, canivete).

CORUJA *substantivo feminino*
Ave noturna de olhos grandes. Ouve muito bem e caça na escuridão total.
▶ Ave

COSTA *substantivo feminino*
A parte de terra que fica junto ao mar.
▶ Praia

COSTAS *substantivo feminino plural*
A parte de trás do tronco do corpo humano.
 A parte de cima do corpo de animais quadrúpedes.

COSTURAR *verbo*
Ligar com agulha e linha um pedaço de pano, de couro, de papel, a outro pedaço. A costura pode ser feita à mão ou com máquinas.
 Agulha, linha

couro

COURO *substantivo masculino*
A pele grossa e dura de alguns animais.
➡️⭐ A pele de alguns animais, depois de preparada para fazer sapatos, bolsas, móveis.
➡️ Pele

COUVE *substantivo feminino*
Planta cultivada em hortas, de folha grande, verde e muito nutritiva.
➡️ Legume, verdura

COVARDE *adjetivo*
Que não tem coragem. Medroso.
➡️ Coragem

COZINHAR *verbo*
Preparar alimentos com fogo ou calor. Cozer.
➡️⭐ Preparar comida cozida ou crua.
➡️ Comida

crescer

CRÂNIO *substantivo masculino*
Conjunto de ossos da cabeça que envolve o cérebro.
➡️ Cabeça

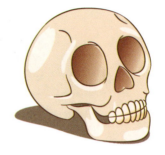

P. 84

CREME *substantivo masculino*
Nata do leite.
➡️⭐ Todo alimento que parece a nata do leite. Geralmente é preparado com leite, ovos e cereais ou farinha. Pode ser doce ou salgado.
➡️⭐ Produto de beleza.

CRESCER *verbo*
Aumentar de tamanho, de volume, de intensidade.
➡️⭐ Aumentar em quantidade.
➡️ Multiplicar

87

criança

CRIANÇA *substantivo feminino*
Ser humano que está na infância: menino ou menina.

DIREITOS DAS CRIANÇAS

Para proteger a criança e o adolescente, foi elaborada, em 1990, uma lei chamada Estatuto da Criança e do Adolescente. No seu artigo 4º está escrito:

"É dever da família, da comunidade, da sociedade em geral e do poder público assegurar, com absoluta prioridade, a efetivação dos direitos referentes à vida, à saúde, à alimentação, à educação, ao esporte, ao lazer, à profissionalização, à cultura, à dignidade, ao respeito, à liberdade e à convivência familiar e comunitária."

criança

DIVERSIDADE CULTURAL

Apesar de suas diferentes roupas, aparências e costumes, todas as crianças do mundo têm as mesmas necessidades e vontades. Compreender essas diferenças, e que todos têm os mesmos direitos, nos ajuda a viver em sociedade.
Devemos sempre lembrar que, por trás dos costumes das outras pessoas, existem valores culturais que estão ligados a suas origens.

CRU *adjetivo*
Algo que não passou pelo fogo ou calor: não foi cozido, nem assado.

CUIDADO *substantivo masculino*
Atenção especial. Zelo, dedicação por algo ou alguém.

CULTIVAR *verbo*
Tratar a terra, plantar, cuidar da plantação e colher seus frutos.
➡️ Procurar manter e conservar alguma coisa.

CULTURA *substantivo feminino*
Conjunto dos conhecimentos, das ideias, dos costumes, dos tipos de comportamento, da tecnologia, das artes, das construções e dos objetos que são típicos de uma sociedade ou de um grupo social.

CUMPRIMENTAR *verbo*
Fazer um gesto ou dizer uma palavra que mostre atenção para com outra pessoa, quando a vemos. Pode ser também para dizer que agradece alguma coisa ou que gostou de alguma coisa que a pessoa fez.

CUMPRIR *verbo*
Fazer algo que se prometeu ou se combinou.
➡️ Acontecer ou se realizar.

CUPIM *substantivo masculino*
Inseto minúsculo, com as asas muito maiores que o corpo. Come madeiras e pode destruir árvores, móveis e casas. Mora em colônias, os cupinzeiros.
 Inseto

CURIOSIDADE *substantivo feminino*
Desejo de saber, de conhecer, de ver, de informar-se, de experimentar algo novo. Interesse.
➡️ Desejo muito grande de conhecer os segredos de alguém. Bisbilhotice, indiscrição.

CURTO *adjetivo*
Que não é comprido.
➡️ Que não dura muito tempo.

CURVA *substantivo feminino*
Trecho de uma rua, uma estrada, um rio, que muda de direção e faz uma pequena volta.

D *substantivo masculino*
Quarta letra do nosso alfabeto.

DANÇAR *verbo*
Fazer movimentos com o corpo todo, dando passos e balançando os braços e as pernas, acompanhando a música.

DAR *verbo*
Entregar alguma coisa a alguém. Presentear, doar.
Bater, soar.

Quando **deu** meia-noite, a Gata Borralheira fugiu do baile e perdeu seu sapatinho de cristal.
A Gata Borralheira ou *Cinderela*, conto de tradição popular.

DATA *substantivo feminino*
Dia, mês e ano em que uma coisa acontece ou vai acontecer.
 Calendário

DÉCADA *substantivo feminino*
Espaço de tempo que dura dez anos.

DECIDIR *verbo*
Resolver fazer alguma coisa.

DECIFRAR *verbo*
Ler ou explicar algo que está escrito em código ou numa letra difícil de entender. Traduzir, esclarecer.

DÉCIMO *numeral ordinal*
Que corresponde ao número dez em uma série.
Cada uma das partes de algo que foi dividido em dez partes.

DECOLAR *verbo*
Voar da terra ou da água para o ar, igual aos aviões que sobem.
Avião

DECORAR *verbo*
Guardar algo na memória.
Enfeitar, embelezar alguma coisa.

DEFEITO *substantivo masculino*
Imperfeição, erro.
Falha em um aparelho que faz com que ele não funcione direito; enguiço.

DEFENDER *verbo*
Proteger, socorrer, ajudar.
Falar a favor de alguém.

degrau　　　　　　　　　　　　　　　　　　dendê

DEGRAU *substantivo masculino*
Parte da escada onde se coloca o pé, quando a subimos.

DEITAR *verbo*
Esticar-se para dormir ou descansar, na cama, no sofá ou em outro lugar.
➔ Dormir

DEIXAR *verbo*
Permitir algo.
➔ Ir embora, abandonar alguém ou algum lugar.
➔ Soltar, largar algo em algum lugar.

DELEGACIA *substantivo feminino*
Lugar público onde o delegado e seus ajudantes recebem denúncias de crimes e investigam e prendem os suspeitos.

DELICIOSO *adjetivo*
Aquilo que tem ótimo sabor, que é gostoso.

DEMOCRACIA *substantivo feminino*
Forma de governar em que, através do voto, o povo escolhe os seus governantes, que devem obedecer à Constituição.
➔ Constituição

DEMORAR *verbo*
Levar muito tempo para fazer alguma coisa ou para chegar a algum lugar.

DENDÊ *substantivo masculino*
Fruto do dendezeiro, de origem africana, que tem polpa vermelha, doce e oleosa. Muito usado em algumas comidas típicas.
➔ Acarajé

93

dengue   desafiar

DENGUE *substantivo feminino*

Doença transmitida por um mosquito que coloca seus ovos em águas paradas. Provoca febre, dor no corpo e cansaço.

Não deixe água parada em pneus, baldes, bacias ou qualquer recipiente, pois isso atrai os mosquitos.

DENTE *substantivo masculino*

Órgão duro e liso que faz parte da boca dos homens e de alguns animais. Serve para morder e mastigar os alimentos.

➡ Alimento

– Mas que **dentes** grandes a senhora tem, vovó!
– É pra te comer melhor!
Chapeuzinho Vermelho, conto de tradição popular.

DERRETER *verbo*

Transformar algo sólido em líquido.

DERROTAR *verbo*

Vencer num jogo ou numa luta, briga, competição.

DERRUBAR *verbo*

Deixar cair ou jogar ao chão.

DESAFIAR *verbo*

Provocar alguém, chamar para briga.

➡ Chamar alguém para uma competição.

desagradável

DESAGRADÁVEL *adjetivo*
Algo que não agrada. Que causa desgosto, descontentamento, aborrecimento.

DESAJEITADO *adjetivo*
Que não tem jeito para lidar com as coisas.
→ Desastrado, trapalhão.

DESANIMADO *adjetivo*
Sem ânimo, sem entusiasmo para nada.

DESAPARECER *verbo*
Sumir do lugar em que estava.

descoberta

DESASTRE *substantivo masculino*
Acontecimento ruim, que ninguém espera e que causa destruição, sofrimento ou morte.

DESCALÇO *adjetivo*
Sem sapatos, com os pés no chão.

DESCANSAR *verbo*
Repousar para livrar-se do cansaço, ficar tranquilo.

DESCER *verbo*
Sair de um veículo, ou de cima de algo. Baixar.
→ Percorrer um caminho inclinado de cima para baixo.

DESCOBERTA *substantivo feminino*
Aquilo que se encontrou ou inventou, por acaso ou depois de muito trabalho.
→ Lugar ou povo que foi encontrado pela primeira vez, por outro povo que o desconhecia. Descobrimento.

*A **descoberta** da América foi feita por Cristóvão Colombo.*

95

desconhecido	desordem

DESCONHECIDO *adjetivo*
Alguém que não se conhece, que não se sabe quem é.
→ Algo que se ignora ou que não se conhece.

DESCREVER *verbo*
Explicar com detalhes como são os lugares, objetos, pessoas.

DESCULPAR *verbo*
Perdoar alguém ou alguma falta.
→ Explicar por que erramos.

DESEJO *substantivo masculino*
Vontade de ter ou de conseguir alguma coisa. Ambição.

DESENHO *substantivo masculino*
Representação com linhas e sombras de objetos, animais, figuras humanas ou seres imaginários. O **desenho** resulta do ato de desenhar. Quem desenha é **desenhista**.

DESERTO *substantivo masculino*
Lugar sem moradores.
→ Lugar muito seco, quase sem vegetação, com chão de areia.

DESFILAR *verbo*
Marchar em fila, exibindo armas e carros de guerra.
→ Passar um após o outro: carros enfeitados, pessoas fantasiadas, grupos de músicos, modelos, animais.

DESMONTAR *verbo*
Descer do cavalo.
→ Separar as peças de um aparelho, jogo ou objeto, para consertar ou examinar.

DESOBEDECER *verbo*
Não obedecer a alguém.
→ Não cumprir as regras. Não cumprir uma ordem.

DESORDEM *substantivo feminino*
Falta de ordem, de organização.
→ Confusão, Bagunça

despedidadestruir

DESPEDIDA *substantivo feminino*

Ato de se separar de alguém, de alguma coisa ou lugar.
★ Ato de dizer adeus a alguém, com gestos ou palavras.

*Na **despedida** a mãe entregou uma cestinha à Chapeuzinho.*
Chapeuzinho Vermelho, conto de tradição popular.

DESPERTADOR *substantivo masc.*

Relógio com campainha ou música que toca na hora marcada, em geral para acordar as pessoas.

→ Acordar

DESTRO *adjetivo*

Pessoa que tem mais habilidade com a mão direita.
→ Canhoto

DESTRUIR *verbo*

Pôr no chão o que estava construído. Arruinar.
★ Fazer desaparecer, matar.

*O lobo assoprou, assoprou e **destruiu** a casa de palha do porquinho.*
Os Três Porquinhos, conto de tradição popular.

DETETIVE *substantivo masculino*
Pessoa que faz investigações sobre crimes ou outra coisa. Segue pistas, faz perguntas e pesquisas para achar o que procura. Investigador.

DEVER *verbo*
Ter a obrigação de fazer alguma coisa.
➔ Ter dívida de dinheiro ou de qualquer outra coisa que tomou emprestado.
➔ Dívida

DEVOLVER *verbo*
Entregar ou mandar de volta alguma coisa para o seu dono.

DIA *substantivo masculino*
Tempo que a Terra leva para dar uma volta completa em torno de si mesma: 24 horas.
➔ Espaço do **dia** que vai do nascer ao pôr do sol, quando ainda está claro.

DIÁLOGO *substantivo masculino*
Conversa entre duas ou mais pessoas.
➔ Conversa

DIAMANTE *substantivo masculino*
A pedra preciosa mais dura e brilhante que existe na natureza. Seu brilho só aparece depois de a pedra ser lapidada por profissionais.

*O tesouro encontrado por Ali Babá estava cheio de **diamantes**.*
As Mil e Uma Noites, autoria desconhecida.

diário   dinossauro

DIÁRIO *adjetivo*
O que acontece todos os dias. Cotidiano.
→ *substantivo masculino*
Caderno em que uma pessoa escreve as coisas mais importantes que ela fez ou seus pensamentos.

DICIONÁRIO *substantivo masculino*
Livro que contém uma coleção de palavras de uma língua, organizada em ordem alfabética, e o significado de cada uma delas. Também existem **dicionários** de ciências, de artes, de filosofia e muitos outros assuntos.

DIFERENTE *adjetivo*
Que não é igual quando se compara a outros.

DIFÍCIL *adjetivo*
Que não é fácil. Algo que é muito complicado de se entender ou fazer; que demora ou dá muito trabalho.

DIMINUIR *verbo*
Tirar um número de outro. Subtrair.
→ Tornar alguma coisa menor do que era, ou reduzir uma quantidade.

P. 186

DINHEIRO *substantivo masculino*
Toda moeda ou nota usada para comprar coisas ou pagar o trabalho feito por alguém.
→ Moeda

P. 270

DINOSSAURO *substantivo masculino*
Réptil que povoava a Terra há milhões de anos, muito antes de o homem existir. Existiam **dinossauros** de vários tipos e tamanhos.
→ Réptil

99

DIREITA *substantivo feminino*
A mão direita.
➡ O lado **direito**, que está à **direita** de alguém ou de alguma coisa. O lado oposto ao esquerdo.

DIRIGIR *verbo*
Governar, comandar ou administrar uma escola, uma fábrica, uma cidade, um país.
➡ Guiar algum veículo.
➡ Líder, chefe

DISCO *substantivo masculino*
Figura ou objeto achatado, em forma de círculo.
➡ Chapa redonda onde são gravadas músicas, histórias, sons ou informações.

DISCORDAR *verbo*
Não concordar com alguma coisa. Ter uma opinião diferente.

DISTÂNCIA *substantivo feminino*
Espaço entre duas coisas ou pessoas.

DISTRAÍDO *adjetivo*
Pessoa esquecida, que não põe atenção no que faz.

DITAR *verbo*
Dizer palavra por palavra para alguém escrever.

DIVERTIR *verbo*
Fazer algo que se gosta, que dá alegria, prazer.

DÍVIDA *substantivo feminino*
O que se deve para alguém.
➡ Dever

DIVIDIR *verbo*
Operação matemática que divide um todo em partes iguais, verificando quantas vezes um número cabe em outro.
➡ Ato de repartir, de separar em várias partes.

DIVÓRCIO *substantivo masculino*
Separação de um casal, desfazendo o contrato de casamento.

dó   dragão

DÓ *substantivo masculino*
Ter pena, compaixão, tristeza por alguém que sofreu algo.
🖊️⭐ Primeira nota da escala musical.

P. 198

DOBRO *substantivo masculino*
Duas vezes de alguma coisa.

DOCE *adjetivo*
De sabor parecido com o do açúcar e do mel.
🖊️⭐ Pessoa suave, meiga.
🖊️⭐ *substantivo masculino*
Comida que se prepara com açúcar ou adoçante.
🖊️ Açúcar

DOCUMENTO *substantivo masculino*
Declaração escrita que serve para provar algo oficial, como a identidade de alguém, um casamento, sua posse sobre imóvel, objetos, etc.
🖊️⭐ Registro de fatos históricos da vida dos povos que prova o que aconteceu.

DOENÇA *substantivo feminino*
Falta de saúde, enfermidade, moléstia.
🖊️ Hospital
P. 252

DOMÉSTICO *adjetivo*
Que é da casa ou da família.
🖊️⭐ Diz-se do animal que é criado em casa.

DOR *substantivo feminino*
Sensação desagradável de sofrimento.

DORMIR *verbo*
Cair no sono.

DRAGÃO *substantivo masculino*
Monstro inventado de histórias fantásticas. Tem garras, o corpo de um grande lagarto, asas e cauda de serpente. Cospe fogo.

101

duende　　　　　　　　　　　　　　dúzia

DUENDE *substantivo masculino*
Criatura imaginária das lendas europeias. Tem orelhas pontudas. Aparece durante a noite, adora criar confusão e fazer traquinagem.

DUPLA *substantivo feminino*
Duas pessoas que andam ou fazem coisas juntas; par.

DURO *adjetivo*
Que não é mole. É resistente, muito difícil de furar ou de riscar.
⟶⭐ Algo que dá muito trabalho ou é difícil de fazer.

DÚVIDA *substantivo feminino*
Não saber se algo é verdade ou não.
⟶⭐ Dificuldade para se decidir; hesitar.
⟶⭐ Dificuldade em acreditar em alguma coisa; suspeita.

DÚZIA *substantivo feminino*
Conjunto de doze objetos da mesma natureza.

E *substantivo masculino*
Quinta letra do nosso alfabeto.

ECLIPSE *substantivo masculino*
Fenômeno que acontece quando um astro escurece totalmente ou em parte por causa da sombra de um outro astro.
➜ Astro, Sombra

ECOLOGIA *substantivo feminino*
Ciência que estuda a relação dos seres vivos entre si ou com o meio ambiente em que vivem.
P. 20

ECONOMIZAR *verbo*
Guardar dinheiro; gastar pouco; poupar.
➜ Usar pouco alguma coisa, para não faltar.

EDIFÍCIO *substantivo masculino*
Construção com um ou vários andares usada para habitação, trabalho, comércio ou lazer. Prédio, casa.

EDUCAÇÃO *substantivo feminino*
Processo em que uma pessoa desenvolve suas capacidades (física e intelectual) e aprende a viver em sociedade.
➜ Boas maneiras.

103

EGOÍSTA *adjetivo*
Que só pensa em si mesmo.

– *Sou um belo príncipe* – explicou a Fera. – *Por ser muito egoísta, fui transformado em monstro por uma feiticeira.*
A Bela e a Fera, conto de tradição popular.

ELEFANTE *substantivo masculino*
O maior mamífero terrestre. Tem tromba, orelhas largas e duas presas.

ELEIÇÃO *substantivo feminino*
Escolher por meio de votos alguém para ocupar um cargo. ➡⭐ Decidir alguma coisa por meio de votos. ➡ Democracia

P. 72

eletricidade   enchente

ELETRICIDADE *substantivo feminino*
Forma de energia usada pelo homem para produzir luz, calor e movimentar as máquinas. A eletricidade pode ser obtida a partir das grandes usinas, baterias ou pilhas.

ELEVADOR *substantivo masculino*
Máquina usada para fazer subir e descer pessoas e cargas num local com mais de um andar.

EMA *substantivo feminino*
Ave corredora, muito parecida com o avestruz.
 Avestruz

EMBARCAÇÃO *substantivo feminino*
Qualquer veículo flutuante usado para navegar. Navio, barco.
➡ Veículo

EMBRULHAR *verbo*
Cobrir algo com pano, papel ou outro material, para formar um pacote. Empacotar, embalar.

EMERGÊNCIA *substantivo feminino*
Situação grave ou perigosa que necessita de uma ação urgente.

EMOÇÃO *substantivo feminino*
Sensação forte e passageira causada por algum sentimento.
 Sentir

EMPATE *substantivo masculino*
Resultado de um jogo, uma eleição ou uma competição em que não há vencedores.
 Competir

EMPREGO *substantivo masculino*
Trabalho, ocupação.
➡ ⭐ Lugar onde a pessoa está empregada, ganhando salário.
 Salário

EMPRESTAR *verbo*
Deixar algo com alguma pessoa para que ela o use por algum tempo e depois devolva.
 Devolver

ENCHENTE *substantivo feminino*
Grande quantidade de água que invade terras, ruas e casas. Inundação, cheia.

105

ENCHER *verbo*

Ocupar todo o espaço de alguma coisa.

*Rapunzel olhou para o príncipe de cima da torre, e seu coração se **encheu** de um amor que ela não sabia explicar.*
Rapunzel, conto de tradição popular.

ENCICLOPÉDIA *substantivo feminino*

Obra que reúne de forma organizada todos os conhecimentos humanos e que se usa para consulta.

ENCOLHER *verbo*

Diminuir de tamanho; encurtar.

ENCONTRAR *verbo*

Achar alguém ou alguma coisa. Dar de frente com alguém ou alguma coisa.

→ Estar em algum lugar. Localizar-se.

*Cachinhos de Ouro estava cansada e com fome quando **encontrou** a cabana dos ursos no meio da floresta.*
Cachinhos de Ouro, conto de tradição popular.

ENCRUZILHADA *substantivo fem.*

Lugar onde um ou mais caminhos ou estradas se cruzam.

ENERGIA *substantivo feminino*

Capacidade de realizar trabalhos.
→ Força.
→ Força

P. 270

ENDEREÇO *substantivo masculino*

Conjunto de informações (como nome da rua, número da casa ou do prédio, número do apartamento, nome da cidade) que torna possível localizar um lugar.

ENFEITE *substantivo masculino*

Aquilo que se coloca em alguém ou em alguma coisa para torná-lo bonito.

enfeitiçar enferrujar

ENFEITIÇAR *verbo*

Fazer feitiço ou magia para alguém ou alguma coisa. Encantar.
➤ Bruxa, mágica, feitiçaria

A bruxa má **enfeitiçou** *uma roca para que, Bela Adormecida, quando nela espetasse o dedo, caísse num sono profundo.*
A Bela Adormecida, conto de tradição popular.

ENFERMEIRO *substantivo masculino*

Profissional que cuida dos doentes no hospital ou em casa.
➤ Doença, hospital

ENFERRUJAR *verbo*

Criar ferrugem.

108

ENGANAR *verbo*

Fazer alguém acreditar em alguma coisa que não é verdade. Mentir. Parecer ser o que não é; fingir.

A Madrasta Má, disfarçada de pobre velhinha, **enganou** Branca de Neve e a fez morder a maçã envenenada.
Branca de Neve e os Sete Anões, conto de tradição popular.

ENGENHEIRO *substantivo masculino*

Profissional formado em engenharia. Responsável pela construção de edifícios, estradas, pontes, meios de transporte e equipamentos.

ENGRAÇADO *adjetivo*

Que faz rir. Divertido.

ENGOLIR *verbo*

Fazer algo passar da boca para o estômago.

ENGUIÇAR *verbo*

Quebrar ou não funcionar por causa de algum defeito.

ENJOAR *verbo*
Sentir um mal-estar no estômago.
→ Ficar aborrecido, entediado, cansar de algo ou alguma coisa.

*João e Maria comeram da casa de doces até **enjoar**.*
João e Maria, conto de tradição popular.

ENORME *adjetivo*
Que é muito grande.

ENRIQUECER *verbo*
Ficar rico.

ENSINAR *verbo*
Passar conhecimento, informações e atitudes para uma pessoa. Instruir.
→ Treinar um animal.
→ Educação

ENTENDER *verbo*
Ter ideia clara de alguma coisa. Compreender, perceber.

ENTERRAR *verbo*
Pôr alguma coisa debaixo da terra.

ENTRAR *verbo*
Passar de fora para dentro.
→ Passar a fazer parte de uma escola, um time ou um grupo.

ENTREGAR *verbo*
Fazer chegar alguma coisa a algum lugar ou às mãos de alguém. Dar.

ENTUSIASMO *substantivo masculino*
Animação, grande alegria.

ENVELOPE *substantivo masculino*
Pedaço de papel dobrado onde se colocam cartas e cartões.
▶ Carta

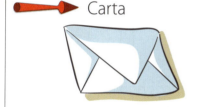

ENVERGONHAR *verbo*
Ficar inseguro, com medo do ridículo e do que os outros vão achar. Ficar tímido.
▶ Vergonha

ENXADA *substantivo feminino*
Instrumento de ferro e aço com cabo de madeira. Em geral é usada para cavar a terra e misturar cal.

ENXAME *substantivo masculino*
Conjunto de abelhas de uma colmeia.

ENXERGAR *verbo*
Conseguir perceber as coisas com a visão. Ver.
▶ Visão, olhar, ver

ENXUGAR *verbo*
Tirar a água de alguém ou de alguma coisa. Secar algo molhado.

ENXURRADA *substantivo feminino*
Grande quantidade de água de chuva que corre com muita força.

EPISÓDIO *substantivo masculino*
Fato, acontecimento.
★ Parte de uma história, novela ou minissérie.
▶ Capítulo

111

ÉPOCA *substantivo feminino*

Período de tempo marcado por um acontecimento da história ou da cultura. Período, idade, era.

➜ ⭐ Momento em que se vive ou viveu. Tempo.

Na **época** do Descobrimento, os índios eram os únicos habitantes do Brasil.

EQUILIBRISTA *subst. masc. e fem.*

Aquele que consegue se equilibrar em posições difíceis, fazendo malabarismos. Geralmente se apresenta em circos.

EQUIPE *substantivo feminino*

Grupo de pessoas que realizam um trabalho ou participam de uma competição esportiva.

ERRAR *verbo*

Fazer algo que não está correto.

➜ ⭐ Não acertar alguma coisa.

ERUPÇÃO *substantivo feminino*

Fenômeno que ocorre quando algo é lançado para fora, como acontece quando um vulcão solta lava, cinzas e fumaça.

➜ Vulcão

ERVA *substantivo feminino*

Planta pequena que tem o caule fino e sempre verde, com muitas folhas.

escada   escapar

ESCADA *substantivo feminino*
Série de degraus que ajudam as pessoas a subirem ou descerem.

*Apressada, Cinderela perdeu o sapatinho de cristal nas **escadas** do palácio.*
A Gata Borralheira ou Cinderela, conto de tradição popular.

ESCALAR *verbo*
Subir a algum lugar usando escadas.
⭐ Subir morros e montanhas usando equipamentos especiais.

ESCAMA *substantivo feminino*
Cada uma das pequenas lascas que cobrem o corpo de alguns peixes e répteis.

ESCAPAR *verbo*
Salvar-se de algum perigo.
⭐ Fugir.

113

escola

ESCOLA *substantivo feminino*
Lugar com professores e alunos, onde se transmitem conhecimentos.

escola urbana

escola rural

sala de aula

ESCOLHER *verbo*
Preferir algo entre muitas coisas.
 Separar, catar.

ESCONDERIJO *substantivo masculino*
Lugar que se usa para esconder alguma coisa ou para alguém se esconder.

ESCORPIÃO *substantivo masculino*
Animal venenoso, da família das aranhas. Sua cauda comprida tem um ferrão na ponta.

ESCORREGAR *verbo*
Deslizar com o próprio peso, geralmente em superfícies lisas.
Cair

ESCOVA *substantivo feminino*
Objeto com pelos ou fios de náilon que se usa para limpar, dar brilho ou desembaraçar. Há escovas para dentes, sapatos, roupas.

ESCRAVO *substantivo masculino*
Aquele que é propriedade de alguém e a ele deve obedecer e servir.
 Abolição

ESCREVER *verbo*
Representar palavras e pensamentos por meio de letras e sinais.
Expressar-se pela escrita.
 Livro, literatura

ESCRITÓRIO *substantivo masculino*
Quarto onde se trabalha ou se estuda.
Sala ou conjunto de salas onde se trabalha.

escultura　　　　　　　　　　　　　esfregar

ESCULTURA *substantivo feminino*
Arte de modelar objetos em madeira, argila, pedra. Os objetos modelados pelo escultor também se chamam escultura.

ESCURO *adjetivo*
Onde não há luz. Que tem cor quase negra.

ESCUTAR *verbo*
Prestar atenção para ouvir alguma coisa.

ESFERA *substantivo feminino*
Corpo sólido e redondo. Bola, globo.

ESFORÇO *substantivo masculino*
Uso de todas as forças para conseguir alguma coisa.

ESFREGAR *verbo*
Passar várias vezes a mão ou algum objeto sobre uma coisa para limpá-la ou esquentá-la.

Depois de **esfregar** *bem a lâmpada, surgiu um gênio que foi logo perguntando a Aladim: – Qual seu desejo, meu caro amo?*
As Mil e Uma Noites, autoria desconhecida.

117

ESGOTO *substantivo masculino*
Conjunto de canos que saem das casas e das ruas. Por eles passam fezes, urina e as águas usadas pelas pessoas. Em geral é subterrâneo.

ESPAÇO *substantivo masculino*
Distância entre dois pontos.
◆ Local que contém os seres e as coisas; ambiente.
◆ Amplidão onde ficam os astros, as galáxias, as estrelas. Universo.

ESMERALDA *substantivo feminino*
Pedra preciosa de cor verde.

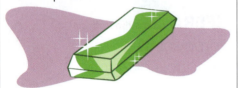

ESPECIAL *adjetivo*
Alguém ou alguma coisa que é fora do comum ou que possui algum dom ou talento.

ESPELHO *substantivo masculino*
Superfície muito lisa que reflete a imagem das pessoas, dos objetos e dos materiais que estão à sua frente. É feito de vidro.

*Dizia a Madrasta Má ao seu **espelho** mágico: – **Espelho**, **Espelho** meu, existe alguém no mundo mais bela do que eu?*
Branca de Neve e os Sete Anões, conto de tradição popular.

ESPERANÇA *substantivo feminino*
Expectativa por alguma coisa que se deseja.
★ Confiança de que alguma coisa boa vai acontecer. Fé.

ESPERTO *adjetivo*
Que é atento, ativo, inteligente e percebe tudo.

ESPIÃO *substantivo masculino*
Pessoa que procura saber informações secretas para passá-las a outras pessoas ou governos.
Agente secreto.

ESPINAFRE *substantivo masculino*
Planta cultivada em hortas. Suas folhas são muito nutritivas e

ESPINHA *substantivo feminino*
Nome dado ao esqueleto e aos ossos finos dos peixes.
★ Coluna vertebral dos animais.

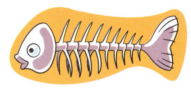

ESPINHO *substantivo masculino*
Parte dura e pontuda que existe no caule de algumas plantas para protegê-las dos animais.
★ Tipo de pelo ou de placas duras e pontudas que cobrem o corpo de alguns animais, como o porco-espinho e o ouriço-do-mar.

*Depois que Bela Adormecida foi enfeitiçada, ao redor do seu castelo cresceu uma enorme floresta de **espinhos**.*
A Bela Adormecida, conto de tradição popular.

119

ESPIRRO *substantivo masculino*
Expulsão barulhenta do ar pelo nariz e pela boca. É provocada por alguma irritação do nariz.

ESPORTE *substantivo masculino*
Cada um dos jogos ou atividades físicas que possuem regras determinadas; modalidades esportivas.
Ver ilustrações na p. 296.

ESPUMA *substantivo feminino*
Bolhas minúsculas que se formam na superfície de alguns líquidos quando eles são agitados, fermentados ou fervidos.

ESQUECER *verbo*
Não se lembrar de algo; perder a memória de algo.
➪ Largar algo em algum lugar por falta de atenção.

ESQUELETO *substantivo masculino*
Conjunto de ossos do corpo dos animais vertebrados. Ajuda a dar forma aos corpos e a proteger os órgãos internos.

ESQUERDA *substantivo feminino*
Mão esquerda.
 Lado esquerdo, oposto ao direito.
➪ Direita

– *Direita?* **Esquerda***? Tanto faz, se você não sabe aonde quer chegar – disse o Gato a Alice.*
Alice no País das Maravilhas, Lewis Carroll.

ESQUIMÓ *substantivo masc. e fem.*
Aquele que pertence ao povo que habita o Polo Norte.
 Iglu

ESQUINA *substantivo feminino*
Cada um dos cantos onde duas ruas se cruzam.

ESQUISITO *adjetivo*
Que é muito diferente e raro. Fora do comum, estranho.
 Estranho

ESTAÇÃO *substantivo feminino*
Lugar onde param trens, ônibus, metrô.
⭐ Cada uma das quatro partes em que é dividido um ano, com três meses cada: primavera, verão, outono e inverno.
⭐ Lugar que transmite os programas de rádio e televisão.

ESTADO *substantivo masculino*
É como alguma coisa está. Situação.
⭐ Conjunto dos órgãos do governo que administram um país.
⭐ Divisão do território de alguns países.
O Brasil tem 27 estados.

ESTOJO *substantivo masculino*
Caixa especial, geralmente pequena, usada para acomodar e guardar objetos.

ESTRADA *substantivo feminino*
Qualquer caminho que liga dois ou mais lugares. Nela podem seguir pessoas, animais e meios de transporte.

*O burro, o galo, o cão e o gato começaram a procurar a **estrada** para Bremen.*
Os Músicos de Bremen, conto dos irmãos Grimm.

ESTRAGAR *verbo*
Fazer algum estrago. Deixar algo em mau estado ou quebrado.
→ ⭐ Apodrecer alimentos.

ESTRANHO *adjetivo*
Algo ou alguém que não se conhece.
→ ⭐ Algo ou alguém que é diferente, fora do normal, esquisito, ou desconhecido.
→ Desconhecido, esquisito

ESTRELA *substantivo feminino*
Astro que produz e emite luz própria.
→ ⭐ Figura com cinco, seis ou sete pontas.

ESTRELA-DO-MAR *subst. feminino*
Animal marinho de várias cores que tem a forma de uma estrela com cinco pontas.

ESTUDAR *verbo*
Ler e fazer experiências para aprender coisas e ganhar conhecimento.
→ ⭐ Observar algo com muita atenção.

EVAPORAR *verbo*
Transformar líquido em vapor.

EXAME *substantivo masculino*
Prova para verificar os conhecimentos de um aluno ou um candidato a algum cargo. Teste.

EXCELENTE *adjetivo*
Que é muito bom; de ótima qualidade.

EXPERIÊNCIA *substantivo feminino*
Conhecimento que se obtém quando se pratica alguma coisa por muito tempo.
→ ⭐ Tentativa, ato de experimentar algo.
→ Experimentar

experimentar   extraterrestre

EXPERIMENTAR *verbo*
Tentar fazer algo. Provar algo.
 Vestir uma roupa ou calçar um sapato para saber se fica bem no corpo.

*Quando Cinderela **experimentou** o sapatinho de cristal, o príncipe ficou maravilhado: o sapatinho lhe cabia perfeitamente.*
A Gata Borralheira ou Cinderela, conto de tradição popular.

EXPLICAR *verbo*
Ajudar alguém a entender algo.
 Contar por que se fez ou se deixou de fazer algo.

EXTINÇÃO *substantivo feminino*
Desaparecimento definitivo de uma espécie de planta ou animal.
P. 20

EXPLODIR *verbo*
Arrebentar com violência e barulho. Estourar.

EXTRAIR *verbo*
Tirar, puxar alguma coisa para fora de onde ela está, muitas vezes com força.
 Obter algo de uma substância, como um suco ou um óleo, usando métodos especiais para isso.

EXPRESSAR *verbo*
Dar a entender ideias, sentimentos e atitudes com palavras ou gestos. Exprimir.

EXTERIOR *substantivo masculino*
A parte que fica do lado de fora de uma coisa ou lugar.
 Qualquer país estrangeiro.

EXTRATERRESTRE *subst. masc. e fem.*
Que é de fora da Terra.

123

F *substantivo masculino*

Sexta letra do nosso alfabeto.

FÁBRICA *substantivo feminino*

Lugar onde se transforma a matéria-prima em objetos e máquinas.

➤ Matéria-prima, produto

FÁBULA *substantivo feminino*

História curta em que seus personagens são animais que agem, falam e pensam como pessoas. Toda fábula termina com uma lição de moral ou um pensamento. Pode ser escrita em verso ou em prosa.

*Uma das **fábulas** mais conhecidas é A Raposa e as Uvas, de Esopo.*

FACE *substantivo feminino*

Parte da cabeça onde estão o nariz, a boca e os olhos. Rosto, cara.

➤ Rosto

124

fada   faltar

FADA *substantivo feminino*

Personagem das histórias infantis que tem poderes mágicos para ajudar o herói ou a heroína. Sempre faz o bem a quem precisa. Geralmente é bela e possui uma varinha de condão.
↦ Ser imaginário do sexo feminino. Acredita-se que ela interfira no destino das pessoas.

*A **fada** transformou uma abóbora em uma bela carruagem.*
A Gata Borralheira ou Cinderela, conto de tradição popular.

FAÍSCA *substantivo feminino*

Pequena chama.

FALAR *verbo*

Usar a voz para dizer palavras.
↦ Conversar.

FALTAR *verbo*

Deixar de ir a algum lugar.
↦ Não ter a quantidade certa para completar alguma coisa.

família

FAMÍLIA *substantivo feminino*

Núcleo familiar: pai, mãe e filhos.

→ Grupo de pessoas do mesmo sangue, incluindo os parentes distantes.

No artigo 229 da nossa Constituição está escrito:

"Os pais têm o dever de assistir, criar e educar os filhos menores, e os filhos maiores têm o dever de ajudar e amparar os pais na velhice, carência ou enfermidade".

126

família

ÁRVORE GENEALÓGICA

A árvore genealógica mostra as gerações anteriores à nossa. Além de nossos pais, tios, avós e bisavós, nossos primos também pertencem à nossa família.
Os irmãos do pai são cunhados da mãe, e os da mãe são cunhados do pai. O mais importante é que a família é a base da sociedade.

FAMINTO *adjetivo*
Que tem fome.
→ Fome

FANTASIA *substantivo feminino*
Algo que é inventado pela imaginação humana.
☆ Roupa que vestimos para representar personagens, figuras históricas, ideias ou objetos. Muito usada no Carnaval.

FANTASMA *substantivo masculino*
Ser imaginário que causa medo.
☆ Alguém, ou o espírito desse alguém, que as pessoas imaginam aparecer para assombrá-las. Assombração, alma do outro mundo.

FANTOCHE *substantivo masculino*
Boneco que se movimenta por fios, arames, varetas ou por uma mão escondida. Em geral é usado para representar um papel num espetáculo de teatro. Faz parte do folclore nordestino. Mamulengo, marionete.

FAQUIR *substantivo masculino*
Pessoa que decide passar necessidades e sentir dor porque acredita que assim ficará mais puro. Pode passar muitos dias sem comer, ou deitado numa cama de pregos. Em geral é muçulmano ou hindu.

FARDA *substantivo feminino*
Vestuário que se usa para indicar uma profissão ou um cargo, ou identificar onde a pessoa trabalha ou estuda. É muito usado por militares e estudantes.
→ Uniforme

FARINHA *substantivo feminino*
Pó feito de raízes ou cereais moídos. As farinhas mais comuns são de mandioca, milho, trigo e arroz.
→ Alimento

FARMÁCIA *substantivo feminino*
Lugar onde se vendem ou se preparam os remédios.
☆ Ensino de como conhecer, conservar e preparar os remédios.

farol　　　　　　　　　　　　　　　　　　fazenda

FAROL *substantivo masculino*
Espécie de torre construída perto do mar que possui, no alto, um foco de luz para orientar os navegantes à noite. Isso evita que eles batam em pedras e rochedos.
➡️⭐ Lanterna de automóveis.

*O primeiro **farol** do Brasil foi inaugurado em Olinda (PE) em 1821.*

FARPA *substantivo feminino*
Pequena lasca de madeira que penetra na pele ou na carne das pessoas ou dos animais.

FATO *substantivo masculino*
Algo que aconteceu. Acontecimento.
➡️⭐ Algo que se pode provar sem discussão que existe, que acontece ou que aconteceu.

FAUNA *substantivo feminino*
Conjunto de animais que são naturais de uma região ou ambiente.
➡️ Animal

FAVELA *substantivo feminino*
Conjunto de casas feitas de papelão, latas, plástico e outros materiais, onde moram pessoas pobres.

FAVOR *substantivo masculino*
Algo que se faz ou se pede a alguém sem querer nada em troca.

FAVORITO *adjetivo*
Que é o preferido em certa situação. Predileto.

FAXINA *substantivo feminino*
Limpeza geral de algum lugar.

FAZENDA *substantivo feminino*
Grande porção de terra onde se criam animais e se plantam frutas, cereais, legumes e verduras.
➡️⭐ Tecido, pano.
➡️ Sítio

129

FAZER *verbo*

Produzir, preparar, criar.
→ Realizar uma ação, um trabalho, uma atividade.
→ Fingir, imaginar: *fazer de conta*.

*O saci gosta de **fazer** molecagens com os viajantes.*
Saci-pererê, lenda do folclore brasileiro.

P. 270

FEBRE *substantivo feminino*

Aumento da temperatura do corpo por causa de alguma doença ou inflamação.
→ Termômetro, temperatura

fechar   feroz

FECHAR *verbo*
Unir as duas partes de um objeto que estão separadas.
 Tapar.

FEIJÃO *substantivo masculino*
Semente do feijoeiro, uma planta trepadeira. Comum na alimentação brasileira, junto com o arroz.

O grão de feijão que João achou era diferente dos outros: era mágico.
João e o Pé de Feijão, conto de tradição popular.

FEIRA *substantivo feminino*
Reunião de diversos compradores e vendedores em um só lugar. Em geral se faz ao ar livre, para vender verduras, legumes, frutas, ovos e utensílios para casa.
 Comércio

FEITIÇARIA *substantivo feminino*
Ação de fazer mal a alguém através de poderes mágicos. Bruxaria.

FELIZ *adjetivo*
Aquele que viu seus desejos se realizarem ou que está satisfeito e contente com o estado em que está.
 Alegria, triste

FÊMEA *substantivo feminino*
Qualquer animal do sexo feminino.
 Sexo

FEMININO *adjetivo*
Sexo dos animais ou plantas que possuem ovário.
 Ovário

FÉRIAS *substantivo feminino plural*
Dias de descanso para empregados e estudantes depois de um período de atividade ou trabalho.

FERIR *verbo*
Causar ou receber ferimentos. Machucar.
 Machucado

FEROZ *adjetivo*
Que é bravo ou perigoso. Selvagem.
 Malvado, perverso.

131

ferramenta   fila

FERRAMENTA *substantivo feminino*
Qualquer instrumento usado para fazer algum trabalho.

FERROVIA *substantivo feminino*
Estrada de ferro, onde se locomovem os trens.
 Rodovia

FESTA *substantivo feminino*
Reunião de pessoas para comemorar uma data ou um acontecimento.

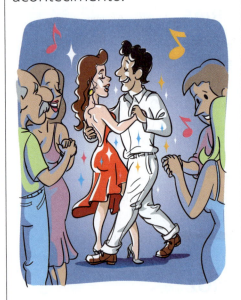

*As **festas** costumam ter música, danças, bebidas e comidas.*

FEZES *substantivo feminino plural*
O mesmo que cocô.
 Cocô

FICAR *verbo*
Não ir embora, permanecer. Não sair do lugar.
⬤━━▶⭐ Estar situado em algum lugar.

FIGURA *substantivo feminino*
Forma das coisas e das pessoas. Aparência.
⬤━━▶⭐ A representação visual de alguma coisa, real ou imaginária.
⬤━━▶⭐ Espaço limitado por pontos, superfícies e linhas: *figura geométrica*.

FILA *substantivo feminino*
Várias pessoas ou coisas colocadas uma atrás da outra.

132

filhote   flauta

FILHOTE *substantivo masculino*
Filho pequeno.
➡ ⭐ Nome dado aos filhos dos animais, quando pequenos.

*Ai de quem atira em **filhotes**! Para ele o Curupira é um inimigo terrível!*
Curupira, lenda do folclore brasileiro.

FILME *substantivo masculino*
Sequência de fotografias ou imagens que contam uma história e que são projetadas numa tela, geralmente a do cinema ou a da televisão.
➡ Cinema, Televisão

P. 28

FIM *substantivo masculino*
Momento em que algo termina.
➡ ⭐ Lugar onde algo acaba, onde fica o seu limite. Extremidade.
➡ Limite

FINGIR *verbo*
Criar ou inventar na imaginação e fazer parecer real.
➡ ⭐ Enganar, mentir, disfarçar.

FLAUTA *substantivo feminino*
Instrumento musical de sopro em forma de tubo oco e com furos. Pode ser de madeira ou metal. É um dos instrumentos mais antigos que existem.

P. 198

133

FLOR *substantivo feminino*

Órgão que algumas plantas têm para se reproduzir.
As pessoas costumam usar as flores para tornar os ambientes mais bonitos.

➤ Reproduzir

FLORA *substantivo feminino*

Conjunto de plantas que são naturais de uma região ou ambiente.

FLORESTA *substantivo feminino*

Grande extensão de terra coberta de árvores muito próximas umas das outras.

➤ Mata

Quando os índios abriram o coco de tucumã, todas as coisas da **floresta** se transformaram em animais e pássaros.
A criação da noite, lenda do folclore brasileiro.

134

flutuar   fogo

FLUTUAR *verbo*
Ficar na superfície da água ou de outro líquido sem afundar. Boiar. Dançar no ar.

*A índia Naiá se transformou na vitória-régia e **flutuou** sobre as águas do rio.*
Vitória-régia, lenda do folclore brasileiro.

FOCA *substantivo feminino*
Animal mamífero que vive principalmente nos mares frios. Arrasta-se na terra, e na água nada com as nadadeiras traseiras.

FOCINHO *substantivo masculino*
Parte da cabeça dos animais onde estão a boca, os dentes, as narinas e o queixo.

FOGO *substantivo masculino*
Chama, luz e calor que surgem da queima de algum material.

135

folclore

FOLCLORE *substantivo masculino*
Tradições populares de uma região que são transmitidas de geração para geração. Conjunto de canções, costumes, danças, lendas, crenças, festas, provérbios e arte de um povo.

Mula sem cabeça

Curupira

Boitatá

Festa Junina

Boto

folclore

Negrinho do Pastoreio

Lobisomem

Iara, a mãe-d'água

Carnaval

Bumba meu boi

Saci-pererê

FOLHA *substantivo feminino*
Parte da planta, geralmente verde, que cresce nos ramos. É com ela que a planta respira e produz o seu alimento.
➪ Pedaço de papel usado para embrulhar coisas ou fazer as páginas de livros, cadernos, jornais e revistas.

FOME *substantivo feminino*
Sensação provocada pela necessidade ou vontade de comer.

FORÇA *substantivo feminino*
Algo capaz de fazer um corpo, um objeto, se mover.
➪ Grande energia que se usa para mover alguma coisa ou para resistir a algo.

FORMA *substantivo feminino*
Aparência. Formato, figura.
➪ Maneira, jeito, modo de fazer as coisas.

FORMIGA *substantivo feminino*
Pequeno inseto com seis patas e dois ferrões. Vive em colônias organizadas, chamadas de formigueiros.

FORTE *adjetivo*
Que tem muita força, saúde e energia.
➪ Que tem poder, é poderoso.

FÓSFORO *substantivo masculino*
Palito que traz em uma das pontas um material que pega fogo, quando esfregado em outro material.

FÓSSIL *substantivo masculino*
Restos ou marcas de animais e de plantas que viveram há milhões de anos e se transformaram em pedras, ou acabaram presos em algum material. São encontrados embaixo da terra.
➡ Arqueologia

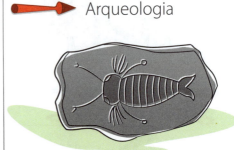

138

fotografia   fruto

FOTOGRAFIA *substantivo feminino*
Imagem de um objeto ou uma pessoa, impressa em um material sensível à luz. Foto.
⭐ Arte da fotografia.

FRACO *adjetivo*
Que não tem força. Que não tem energia.
⭐ Que não domina bem um assunto ou uma atividade.

FRASE *substantivo feminino*
Reunião de palavras que expressa um pensamento.

FREIO *substantivo masculino*
Peça que faz parar veículos, máquinas e animais de carga. Breque.

FREVO *substantivo masculino*
Música e dança típicas do Carnaval pernambucano. De origem africana, tem ritmo animado e é dançado com malabarismos e uma sombrinha aberta.

FRIO *substantivo masculino*
Que não tem calor.
⭐ O que se sente quando não há calor.

FRUTO *substantivo masculino*
Parte da planta que nasce da flor. Possui casca, polpa e, muitas vezes, sementes. Os frutos que se comem são chamados de frutas.
⭐ Resultado de algo.

139

FUGIR *verbo*

Sair depressa de algum lugar. Escapar rápido de algum perigo, de alguém ou de alguma coisa.

As cartas de baralho **fugiram** da Rainha de Copas, que gritava:
— Cortem-lhe a cabeça!
Alice no País das Maravilhas, Lewis Carroll.

FUMAÇA *substantivo feminino*
Vapor que sai de algo que está queimando, fervendo, explodindo.

FUNCIONAR *verbo*
Estar em atividade.
➜ Dar certo (alguma coisa).

FUNDAMENTAL *adjetivo*
Aquilo que é o mais necessário e importante em algo ou em alguma situação. Aquilo que é básico.

FURACÃO *substantivo masculino*
Vento muito forte.
Tufão.

FURAR *verbo*
Fazer um furo ou buraco em alguma coisa. Esburacar.

FURIOSO *adjetivo*
Que está cheio de raiva.

FUTEBOL *substantivo masculino*
Jogo de bola com os pés jogado com duas equipes, de 11 jogadores cada. O objetivo é fazer a bola entrar no gol do adversário, sem deixar o goleiro apanhá-la. Um dos esportes mais populares do Brasil.

FUTURO *substantivo masculino*
O tempo que virá.
➜ O destino.

G *substantivo masculino*
Sétima letra do nosso alfabeto.

GADO *substantivo masculino*
Criação de animais (bois, cabras, porcos, ovelhas e outros) que são usados como alimento, agasalho e transporte para o homem.
➤ Animal

GAFANHOTO *substantivo masculino*
Pequeno inseto verde com asa dura, corpo grande e antena pequena. Salta alto e rápido. Algumas espécies são consideradas nocivas, por atacarem as lavouras.
➤ Animal

GAGUEJAR *verbo*
Falar com dificuldade, repetindo a sílabas das palavras várias vezes.

GAITA *substantivo feminino*
Pequeno instrumento musical de sopro, feito de metal. Existem gaitas em sete tonalidades.
P. 198

GAIVOTA *substantivo feminino*
Ave aquática, geralmente marinha, mais comum no Hemisfério Norte. É branca ou cinza, com costas pretas, marrons ou cinzas. Mergulha rapidamente no mar para pegar pequenos peixes.
➤ Ave

*Para os antigos navegantes, a presença de **gaivotas** voando era sinal certo de que havia terra próxima.*

141

galáxia · galope

GALÁXIA *substantivo feminino*
Conjunto de bilhões de estrelas, inclusive o Sol e outros astros, que giram em torno de um centro. Via-Láctea.
➤ Estrela

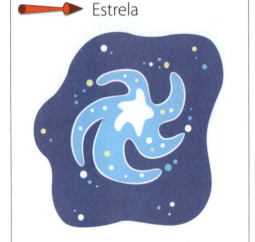

GALHO *substantivo masculino*
Parte da árvore ligada ao tronco. Ramo.

GALINHA *substantivo feminino*
Ave doméstica. Seus ovos e sua carne são muito usados na alimentação.
➤ Ave

GALOPE *substantivo masculino*
Corrida mais rápida de alguns animais de quatro patas, especialmente do cavalo.

*A mula sem cabeça corre a **galope** pelos campos até o raiar do Sol.*
A mula sem cabeça, lenda do folclore brasileiro.

ganhar　　　　　　　　　　　　　　　　　　gato

GANHAR *verbo*
Vencer algo.
→ Receber algo, por acaso ou como resultado de uma ação ou trabalho.
→ Vencer

GARÇA *substantivo feminino*
Ave aquática, com pescoço, dedos, pernas e bico compridos.
Vive aos bandos na beira dos lagos, rios e terrenos alagados.
→ Ave

GARIMPO *substantivo masculino*
Lugar onde são extraídos diamante, ouro e outros minerais preciosos.
→ Mineral, mineração

GÁS *substantivo masculino*
Substância parecida com o ar, que enche completamente qualquer espaço onde esteja.
→ Um dos três estados físicos das substâncias: sólido, líquido e gasoso.

GASTAR *verbo*
Reduzir ou estragar alguma coisa com o uso.
→ Usar dinheiro para comprar coisas. Consumir.

GATO *substantivo masculino*
Pequeno mamífero, doméstico e carnívoro, que pertence à mesma família dos leões, das panteras, dos tigres, das onças.
→ Mamífero

O **Gato** de Botas, esperto, conseguiu fazer fortuna para seu amo.
O Gato de Botas, conto de tradição popular.

gavião gênio

GAVIÃO *substantivo masculino*
Ave carnívora, caçadora, de asas largas, bico curvo e garras afiadas. Voa durante o dia, fazendo círculos no céu.
➡ Ave

GELO *substantivo masculino*
Água, ou qualquer outro líquido, que se tornou sólido por causa do frio.
➡ Água

GELATINA *substantivo feminino*
Substância nutritiva em forma de geleia que é retirada da pele e dos ossos dos animais. Tem diversos usos na indústria.
➡⭐ Doce que é feito com essa substância quando a ela se mistura água, açúcar e corante.
➡ Alimento

GÊMEO *substantivo masculino*
Irmão que nasceu junto com outro, no mesmo parto.

P. 126

GÊNIO *substantivo masculino*
Pessoa muito inteligente e criativa.
➡⭐ Espírito encantado do bem ou do mal. Aparece como personagem em lendas e contos.

*Caipora ou caapora é o **gênio** protetor dos animais de couro e chifres.*
Caipora ou Caapora, lenda do folclore brasileiro.

144

gente   gigante

GENTE *substantivo feminino*
Multidão de pessoas reunidas. Povo.
→ Os seres humanos.
→ Povo

GERAÇÃO *substantivo feminino*
Ato de criar algo.
→ Pessoas que nasceram numa mesma época histórica.
P. 126

GEOGRAFIA *substantivo feminino*
Ciência que estuda os fenômenos físicos, humanos e biológicos que ocorrem na Terra.
P. 20

GESTO *substantivo masculino*
Movimento do corpo, especialmente das mãos ou da cabeça, que procura expressar alguma emoção ou alguma mensagem.
→ Mímica

GEOMETRIA *substantivo feminino*
Parte da Matemática que estuda as figuras, suas dimensões e proporções.
P. 186

GIBI *substantivo masculino*
Revista de histórias em quadrinhos.

GIGANTE *substantivo masculino*
Personagem das histórias infantis. Homem enorme, muitas vezes ameaçador e com poderes mágicos.
→ Aquilo que é enorme.

Quando viu sua galinha dos ovos de ouro ser roubada, o **gigante** se pôs a perseguir João.
João e o Pé de Feijão, conto de tradição popular.

145

ginástica   gol

GINÁSTICA *substantivo feminino*
Movimentos e exercícios que se fazem com o corpo para torná-lo mais forte, mais ágil.

P. 252

GIZ *substantivo masculino*
Pequeno bastão ou lápis feito de pó da rocha calcário. Serve para escrever ou riscar no quadro-negro ou em pedras.
P. 114

GIRAFA *substantivo feminino*
Animal africano com quatro patas. Tem pescoço comprido e corpo amarelo, cheio de manchas castanhas. *A girafa é o animal mais alto que existe.*

➤ Mamífero

GLOBO *substantivo masculino*
Qualquer objeto redondo. Bola, esfera.
➤ Representação do nosso planeta, como uma esfera, na qual aparecem os oceanos, os continentes e os países.
➤ Terra

GIRASSOL *substantivo masculino*
Planta alta de flor grande, com pétalas amarelas em volta de um miolo escuro, que se volta sempre para o Sol. De sua semente se faz óleo.

➤ Flor

GOIABA *substantivo feminino*
Fruta da goiabeira. Tem casca verde e polpa branca ou vermelha. Com a goiaba se faz o doce goiabada.
➤ Alimento

GÍRIA *substantivo feminino*
Palavras ou expressões inventadas e usadas por determinados grupos de pessoas. Muitas vezes funciona como código dentro desses grupos.

GOL *substantivo masculino*
Ponto marcado quando um time joga a bola entre as traves do outro e o goleiro não consegue pegá-la.
➤ O lugar entre as traves no campo ou quadra, cercado por uma rede, e que é alvo dos jogadores.

➤ Esporte, Handebol, Futebol

146

golfinho · graça

GOLFINHO *substantivo masculino*
Mamífero inteligente que vive na água e que possui focinho comprido, em forma de bico.
→ Mamífero

GOLPE *substantivo masculino*
Ferimento ou pancada.
⭐ Ação ou conjunto de ações desonestas, para prejudicar alguém.

GORDO *adjetivo*
Que tem muita gordura.

GORILA *substantivo masculino*
Grande macaco que vive em grupos nas florestas tropicais da África.
→ Macaco

GOSTAR *verbo*
Ter amizade, simpatia ou amor por alguém.
⭐ Achar algo muito saboroso.
⭐ Apreciar alguma coisa.
→ Amar, carinho

GOTA *substantivo feminino*
Quantidade muito pequena de qualquer líquido. Pingo.

GOTEIRA *substantivo feminino*
Buraco no teto, por onde a água da chuva cai dentro de casa.

GOVERNAR *verbo*
Controlar, comandar e administrar pessoas ou coisas.

P. 72

GRAÇA *substantivo feminino*
Qualidade das pessoas e coisas que são engraçadas.
⭐ Encanto de pessoa ou animal no jeito de ser e de se movimentar.

– Qual é a **graça**?
Alice no País das Maravilhas, Lewis Carroll.

147

gralha / grilo

GRALHA *substantivo feminino*
Ave de penas pretas ou azuis, da família do corvo, com voz estridente.
➡ Ave

GRAMÁTICA *substantivo feminino*
Estudo de uma língua em seu sistema, estrutura e regras. Toda sociedade letrada tem suas normas fixas de uso para os cidadãos.
P. 114

GRANDE *adjetivo*
Que tem tamanho grande. Que é muito comprido ou largo.
⭐ Crescido, adulto.
➡ Pequeno

GRAVAÇÃO *substantivo feminino*
Ato de registrar sons, imagens e dados em discos, fitas, filmes e computadores.
⭐ Guardar na memória.

GRAVIDADE *substantivo feminino*
Força que atrai todos os corpos para o centro da Terra.
⭐ Estado daquilo que é grave, sério.

GRAVIDEZ *substantivo feminino*
Estado da mulher e de outras fêmeas quando estão grávidas, esperando bebês ou filhotes.

GREVE *substantivo feminino*
Ação coletiva de trabalhadores ou estudantes que se recusam a trabalhar ou a assistir às aulas até seus pedidos por melhoras serem atendidos.

P. 72

GRILO *substantivo masculino*
Inseto saltador parecido com o gafanhoto, com três pares de asas. É conhecido pelo som de cricri que produz quando esfrega as duas asas da frente uma na outra.
➡ Inseto

148

gritar   guardar

GRITAR *verbo*
Falar alto. Berrar.
 Reclamar.

GROSSEIRO *adjetivo*
Que não tem educação. Mal-educado.
 Algo que é de má qualidade.

GRUPO *substantivo masculino*
Reunião de pessoas, ou de objetos, que formam um todo.
 Reunião

GUARANÁ *subst. masc.*
Planta trepadeira nativa da Amazônia.
 Refrigerante que se faz com as sementes dessa planta.

GUARDAR *verbo*
Pôr alguma coisa num lugar para que ela não se estrague ou não se perca.
Vigiar, para proteger ou defender.
Proteger

*O filho do seu dono, de maldade, espantou os cavalos que o Negrinho do Pastoreio **guardava**.*
O negrinho do pastoreio, lenda do folclore brasileiro.

149

guerra guri

GUERRA *substantivo feminino*
Luta armada entre países ou grupos de pessoas que pensam diferente e que têm interesses contrários.

GUIAR *verbo*
Servir de guia. Orientar, indicar caminhos.

GUITARRA *substantivo feminino*
Instrumento musical de cordas parecido com o violão, só que elétrico. Muito usado em bandas de *rock*.

P. 198

GULOSO *adjetivo*
Que come e bebe, mesmo sem estar com fome ou sede.

GURI *substantivo masculino*
Menino, criança do sexo masculino.

P. 88

150

Hh

H *substantivo masculino*
Oitava letra do nosso alfabeto.

HABITANTE *substantivo masc. e fem.*
Que mora em determinado lugar. Morador.

HABITAÇÃO *substantivo feminino*

Lugar onde se mora. Moradia, residência, casa.
P. 64

HABITAT *substantivo masculino*
Ambiente natural de um animal ou planta.
 Natureza
P. 20

HÁLITO *substantivo masculino*
Cheiro da boca.
 Ar que soltamos pela boca.

Vinha um sertanejo pela estrada quando sentiu o **hálito** de um bicho no seu pescoço: era o lobisomem!
O lobisomem, lenda do folclore brasileiro.

HAMBÚRGUER substantivo masc.
Bolinho achatado feito de carne de vaca moída, assado ou frito.
➤ O sanduíche desse bolinho, feito com pão redondo macio.

HANDEBOL substantivo masculino
Jogo semelhante ao futebol de salão, mas que é jogado com as mãos. Também chamado de andebol. Tanto o jogo quanto a palavra vêm dos Estados Unidos: *handball*, em inglês, é a combinação de *hand* (mão) com *ball* (bola).
➤ Esporte

HANGAR substantivo masculino
Abrigo para aviões, barcos, balões.

HARPA substantivo feminino
Instrumento musical de cordas muito antigo, de forma triangular, tocado com os dedos.

P. 198

HAVER verbo
Ter, existir.
➤ Acontecer.
Houve então uma grande festa, onde todos festejaram o casamento dos dois.
➤ Fazer, no sentido de tempo.

Há muito tempo os habitantes do reino não se sentiam tão felizes.
A *Gata Borralheira* ou *Cinderela*, conto de tradição popular.

helicóptero　　　　　　　　　　　　　higiene

HELICÓPTERO *substantivo masculino*
Meio de transporte aéreo com hélices no topo, sem asas, que pode voar em qualquer direção e ficar parado no ar.
 Transporte

HEMISFÉRIO *substantivo masculino*
Metade de qualquer esfera. ⭐ Cada uma das metades norte e sul da Terra, ou cada uma das suas metades ocidental e oriental.
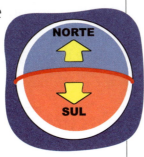

HERANÇA *substantivo feminino*
Aquilo que se recebeu dos pais, de alguma outra pessoa, de uma tradição. Pode ser dinheiro, objetos, ensinamentos ou características físicas e de personalidade.

HERBÍVORO *adjetivo*
Que se alimenta apenas de vegetais.
 Carnívoro

HERÓI *substantivo masculino*
Pessoa que age com muita coragem diante dos perigos, ou que arrisca a vida pelos outros ou pelo seu dever. ⭐ Personagem principal das histórias, dos filmes, das peças de teatro.

HIDRELÉTRICA *substantivo feminino*
Usina que produz energia elétrica a partir da energia do movimento das águas.
Energia
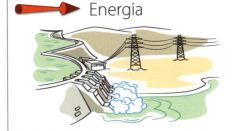

HIENA *substantivo feminino*
Mamífero carnívoro de pelo cinza ou ruivo com manchas escuras, parecido com o lobo, que habita a África e o sul da Ásia.
Mamífero

HIGIENE *substantivo feminino*
Limpeza do próprio corpo, das ruas, do lugar onde se mora, dos alimentos, das roupas. Asseio. ⭐ Ciência que estuda como evitar as doenças e conservar a saúde.

P. 252

153

HIPOPÓTAMO *substantivo masculino*
Animal grande e pesado que vive nas margens dos rios e lagos da África. Alimenta-se de frutos e folhas.
➡ Mamífero

HOMEM *substantivo masculino*
A espécie humana, em geral. O homem é um mamífero bípede, com linguagem organizada.
➡ Ser humano do sexo masculino.
➡ Humano

HISTÓRIA *substantivo feminino*
Estudo da vida da humanidade, dos povos, de um país, destacando os fatos importantes que ocorreram através das várias épocas.
➡ Narração de fatos reais ou imaginários em forma de contos, romances, filmes, novelas.

HONESTO *adjetivo*
Alguém em quem se pode confiar; que fala a verdade, que é correto.

HORA *substantivo feminino*
Medida de tempo. Cada uma das 24 partes em que o dia está dividido. Uma hora tem 60 minutos.
➡ Momento em que algo acontece.
➡ Momento que foi combinado para algo acontecer no futuro.
➡ Tempo

*O chá da Lebre Maluca estava marcado para as cinco **horas**.*
Alice no País das Maravilhas, Lewis Carroll.

horizontal   humor

HORIZONTAL *adjetivo*
Aquilo que é paralelo ao horizonte. Que está deitado.
 Vertical

HORIZONTE *substantivo masculino*
Linha onde o céu e o mar (ou a terra) parecem se encontrar. Fala-se em linha do horizonte.

HORROR *substantivo masculino*
Sentimento de grande medo, de pavor e espanto.

HORTA *substantivo feminino*
Lugar onde são cultivados legumes e verduras.
 Lavoura

HORTELÃ *substantivo feminino*
Planta rasteira, com cheiro e sabor refrescantes, usada para temperar comidas, fazer chá, em balas.

HOSPEDAR *verbo*
Dar ou receber abrigo.

HOSPITAL *substantivo masculino*
Estabelecimento onde se tratam os doentes e onde eles podem ficar internados.
 Doença
P. 252

HOTEL *substantivo masculino*
Lugar onde se alugam quartos ou apartamentos, com ou sem refeições, em geral para pessoas que estão de passagem.
P. 74

HUMANO *adjetivo*
Tudo aquilo que se relaciona ao ser humano ou é próprio de sua natureza.
 Homem

HUMOR *substantivo masculino*
Estado de espírito. ⭐ Capacidade de entender ou de expressar as coisas engraçadas, divertidas.
 Graça

155

I *substantivo masculino*
Nona letra do nosso alfabeto.

IDADE *substantivo feminino*
Número de anos de vida de alguém ou de alguma coisa.
 Época ou período da história da Terra ou do homem.
 Tempo

IDEIA *substantivo feminino*
Pensamento.
 Invenção. Plano de realizar alguma coisa.
 Inventar

IDENTIDADE *substantivo feminino*
Conjunto exclusivo de características de uma pessoa ou de uma coisa. É esse conjunto que a torna única, diferente das outras pessoas ou coisas.
 Documento que prova que a pessoa é ela mesma. Em geral contém seu nome, foto e assinatura.

IDIOMA *substantivo masculino*
Língua falada pelas pessoas de uma nação ou de um povo.
 Língua

ÍDOLO *substantivo masculino*
Estátua ou imagem de algum deus, santo ou divindade, que é adorada como se fosse o próprio deus, santo ou divindade.
 Artista de rádio, cinema, teatro ou televisão, que é adorado pelos fãs.

iglu　　　　　　　　　　　　　　　　　　　　　　ímã

IGLU *substantivo masculino*
Casa redonda feita de neve ou de blocos de gelo, construída pelos esquimós.

P. 64

IGNORAR *verbo*
Não ter conhecimento de alguma coisa. Não saber algo.
→ Fazer de conta, por algum motivo, que algo não existe.

*Se o Boitatá aparecer na sua frente, basta **ignorá-lo** e ficar quieto, de olhos fechados, que ele vai embora.*
Boitatá, lenda do folclore brasileiro.

IGREJA *substantivo feminino*
Templo cristão ou de outras religiões.
→ Lugar onde se reúnem pessoas que têm a mesma fé.
→ Religião

IGUAL *adjetivo*
Algo que tem a mesma aparência, a mesma forma e o mesmo tamanho. Que, numa comparação, não mostra diferença nenhuma.
→ Algo que tem a mesma quantidade e o mesmo valor.
→ Semelhante

ILHA *substantivo feminino*
Porção de terra, menor do que um continente, cercada de água por todos os lados.
→ Continente

ÍMÃ *substantivo masculino*
Peça de metal que atrai objetos metálicos que contenham ferro.
→ Magnetismo

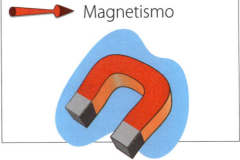

157

imagem   imóvel

IMAGEM *substantivo feminino*
Reflexo de alguém ou de alguma coisa na água, num espelho, num vidro.
➡ ⭐ O que se vê na tela de cinema, da televisão, do computador.
➡ ⭐ Qualquer representação visual de pessoas ou coisas feita por meios artísticos.

IMAGINAÇÃO *substantivo feminino*
Capacidade de imaginar, de criar imagens no pensamento.
➡ ⭐ Capacidade de inventar, de criar.

*O saci pode ser um danado, mas existe só na **imaginação** do povo.*
Saci-pererê, lenda do folclore brasileiro.

IMENSO *adjetivo*
Muito grande, difícil de ser medido.
 Gigante

IMIGRANTE *substantivo masc. e fem.*
Pessoa que sai de seu país para morar em outro.
 Migrante

IMITAR *verbo*
Copiar as características de alguém ou de alguma coisa, ou copiar o que foi feito por alguém.
 Copiar

IMORTAL *adjetivo*
Que vive para sempre na memória de todos. Que não morre, é eterno.
 Morrer

IMÓVEL *adjetivo*
Que não move. Parado.
 substantivo masculino
Edifício ou terra que alguém possui.
 Móvel

158

ímpar   incolor

ÍMPAR *adjetivo*
Que não pode ser dividido por dois.
⭐ Algo ou alguém que é único, que não tem igual.
▶ Par

P. 186

IMPERADOR *substantivo masculino*
Pessoa que governa um império. Soberano.
▶ História, governar, rei

IMPORTANTE *adjetivo*
Algo de valor, fundamental, que não se pode esquecer.
⭐ Quem tem autoridade.
▶ Necessário

IMPOSSÍVEL *adjetivo*
Que não pode acontecer ou existir. Que não se pode fazer.
▶ Possibilidade

É **impossível** um ser humano virar sapo, como nos contos infantis.

IMPRIMIR *verbo*
Copiar, com máquina própria para isso, imagens e/ou palavras, para fazer livros, jornais, revistas, cartazes, folhetos.

IMUNDO *adjetivo*
Algo que é, ou está, muito sujo.
▶ Sujo

INAUGURAR *verbo*
Usar ou mostrar alguma coisa pela primeira vez.

INCENDIAR *verbo*
Pôr fogo em alguma coisa. Provocar um incêndio.
▶ Fogo

INCOLOR *adjetivo*
Algo que não tem cor nenhuma.
▶ Cor

159

incomodar   índice

INCOMODAR *verbo*
Causar aborrecimento. Perturbar.

*Pinóquio não era gente e isso o **incomodava**.*
Pinóquio, Carlo Collodi.

INCORRETO *adjetivo*
Algo que não está certo, que está errado.

INCRÍVEL *adjetivo*
Aquilo em que é difícil de acreditar.
 Que é fantástico, maravilhoso.

INDAGAR *verbo*
Perguntar por algo que não se sabe.
⟶ Perguntar

INDICAR *verbo*
Mostrar algo ou alguém apontando com o dedo ou de outra maneira.
 Orientar, aconselhar.

ÍNDICE *substantivo masculino*
Lista que aparece no início ou no final de livros e revistas indicando os assuntos e as páginas em que eles se encontram, para facilitar a procura do leitor.
 Livro

índio · início

ÍNDIO *substantivo masculino*
Pessoa nativa de um país, ou que nele chegou antes da chegada dos colonizadores.
 ⭐ Que habitava as Américas antes da chegada dos europeus.

*Quando Cristóvão Colombo chegou à América do Sul, em 1492, pensou que havia chegado à Índia e por isso chamou seus habitantes de **índios**. E o nome ficou.*
 Tribo

INDÚSTRIA *substantivo feminino*
Conjunto de atividades que transformam matérias-primas em produtos.
 ⭐ Empresa onde essas atividades se realizam. Fábrica.

INFANTIL *adjetivo*
Tudo aquilo que se relaciona às crianças.
 ⭐ Qualidade da pessoa que se comporta como uma criança, mesmo não sendo uma.

INFELIZ *adjetivo*
Quem não é feliz. Triste.
 Triste, Feliz

INFORMAÇÃO *substantivo feminino*
Conhecimento de fatos sobre alguém ou alguma coisa.
 ⭐ Notícia.
 Notícia

INÍCIO *substantivo masculino*
Começo de alguma coisa. Princípio.
➤ Fim

*No **início** não havia a noite. Só o dia. A noite estava guardada no fundo das águas.*
A criação da noite, lenda do folclore brasileiro.

161

inimigo — inteligência

INIMIGO *substantivo masculino*
Pessoa com quem não se tem amizade. Alguém que odeia outro, que quer lhe fazer mal.
▶ Grupo de pessoas, ou país, com que se está em guerra.
▶ Amizade

INJEÇÃO *substantivo feminino*
Remédio que entra no corpo através de um pequeno furo, feito com a agulha de uma seringa.
▶ Vacina

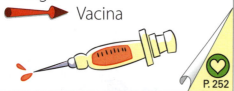

INOCENTE *adjetivo*
Que não tem culpa.

INSETO *substantivo masculino*
Classe de animais invertebrados pequenos que, quando estão adultos, normalmente possuem dois pares de asas, um par de antenas, um par de olhos e o corpo dividido em três partes.
▶ Animal

INSISTIR *verbo*
Pedir de novo alguma coisa a alguém, mesmo já tendo recebido um não.
▶ Voltar a algum assunto várias vezes (geralmente dando conselho); não desistir.

INSTRUMENTO *substantivo masc.*
Objeto que serve para ajudar a fazer qualquer trabalho. Ferramenta.
▶ Objeto usado para produzir sons musicais. Pode ser de sopro, de cordas ou de percussão.

INTEIRO *adjetivo*
Que tem todas as suas partes. Está completo.
▶ Que não está quebrado ou rachado.

INTELIGÊNCIA *substantivo feminino*
Capacidade de pensar, de entender e aprender.
▶ Aprender

162

interesse   inventar

INTERESSE *substantivo masculino*
Sentimento de curiosidade ou atenção por alguma coisa, por achar que ela é importante.
➔ Preocupação com alguém.
➔ Aquilo que é importante, útil ou vantajoso para alguém.
➔ Curiosidade

INTERIOR *substantivo masculino*
Parte de dentro de algo.
➔ Parte de um país que fica longe do litoral ou distante das capitais.

INVEJA *substantivo feminino*
Desejo de ter algo que o outro tem.

INVENTAR *verbo*
Criar algo que ninguém fez ainda, que não existe, ou descobrir uma nova maneira de se fazer alguma coisa.
➔ Imaginar algo que não existe. Criar no pensamento.
➔ Mentir.
➔ Ideia

Para ganhar o coração da Princesa, Aladim **inventou** que era um poderoso sultão.
As Mil e Uma Noites, autoria desconhecida.

163

INVERNO *substantivo masculino*
A estação mais fria do ano.

INVERTEBRADO *substantivo masc.*
Animal que não tem coluna vertebral.
 Animal

INVISÍVEL *adjetivo*
Qualidade de algo que não se pode ver (o ar) ou que exige um aparelho (o microscópio) para ser visto.

IOIÔ *substantivo masculino*
Brinquedo com dois pequenos discos presos um no outro, com um fio enrolado e amarrado entre eles.
O brinquedo fica amarrado na ponta do dedo do jogador e sobe e desce quando a corda é enrolada ou desenrolada.
P. 48

IR *verbo*
Movimentar-se de um lugar para outro.
➡️ Sair de um lugar. Partir.

ISCA *substantivo feminino*
Alimento que é colocado no anzol ou em armadilhas, para atrair peixes ou outros animais.
➡️ Anzol

ISOLADO *adjetivo*
Que está sozinho, só.
➡️ Que está separado.
➡️ Lugar afastado, para onde vai pouca gente.

J *substantivo masculino*
Décima letra do nosso alfabeto.

JABUTI *substantivo masculino*

Réptil herbívoro da família da tartaruga, que vive na terra. Também chamado de jaboti.
▶ Réptil

JABUTICABA *substantivo feminino*
Fruto da jabuticabeira. Pequeno e redondo, tem casca preta e polpa branca.
 Alimento

JACA *substantivo feminino*
Fruto da jaqueira. É grande, de casca áspera e grossa. Suas sementes são cobertas por uma polpa amarela.
▶ Alimento

JACARÉ *substantivo masculino*
Réptil carnívoro da família dos crocodilos, comum na Amazônia e no Pantanal.
 Réptil

JAGUATIRICA *substantivo feminino*
Mamífero carnívoro, parecido com uma pequena onça pintada, que vive nas matas da América.
 Mamífero

jangada   jaula

JANGADA *substantivo feminino*
Embarcação feita com cinco ou seis troncos de madeira amarrados entre si e que navega com vela. É usada principalmente para a pescaria no mar. Comum no Nordeste.
➤ Navegar

JARARACA *substantivo feminino*
Cobra venenosa com cabeça triangular, cauda em forma de lança e corpo marrom com manchas escuras.
A jararaca é considerada uma das cobras mais venenosas existentes no Brasil.
➤ Cobra, veneno

JARDIM *substantivo masculino*
Terreno de uma casa ou praça, cultivado com flores, plantas e árvores.

JARRO *substantivo masculino*
Vaso alto, normalmente com asa e bico, onde se coloca água e outros líquidos.

JATO *substantivo masculino*
Saída forte e rápida de qualquer substância, sólida, gasosa ou líquida, por um furo.
➤ Avião a jato.

JAULA *substantivo feminino*
Gaiola com barras de ferro, geralmente grande e usada para prender animais ferozes.

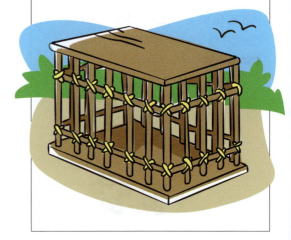

166

JEITO *substantivo masculino*

Modo, maneira.

 Capacidade e facilidade para fazer alguma coisa.
 Modo

*Gepeto tinha muito **jeito** com a madeira.*
Pinóquio, Carlo Collodi.

JIBOIA *substantivo feminino*

Cobra não venenosa com corpo de cor amarelada, com manchas claras. Para se alimentar, a jiboia aperta o corpo da sua presa.

 Cobra

JILÓ *substantivo masculino*

Fruto do jiloeiro. Pequeno e verde, tem gosto amargo e faz bem para a digestão.

 Alimento

JOANINHA *substantivo feminino*

Tipo de besouro pequeno, vermelho, com muitos pontos pretos sobre o corpo.
A joaninha se alimenta de pulgões e outros insetos que atacam as lavouras.

 Inseto

167

JOÃO-DE-BARRO *substantivo masc.*

Pássaro pequeno e marrom que constrói seu ninho com barro úmido. Seu alimento preferido é o cupim.

→ Pássaro

JOGO *substantivo masculino*

Brincadeira, divertimento, passatempo.

⭐ Atividade com regras estabelecidas, em que se pode ganhar, perder ou empatar.

P. 48

JOIA *substantivo feminino*

Objeto de valor, usado como enfeite, feito de pedras ou metais preciosos.

*Quando Aladim desceu as escadas, viu-se num salão cheio de **joias**.*
As Mil e Uma Noites, autoria desconhecida.

jornal   jumento

JORNAL *substantivo masculino*
Folhas impressas que informam as notícias. Em geral é publicado diariamente, mas pode ser mensal ou semanal.
⭐ Noticiário transmitido pelo rádio, pela televisão ou pela Internet.
➤ Notícia

JOVEM *adjetivo*
Que tem pouca idade.

JUDÔ *substantivo masculino*
Luta corporal criada no Japão no século XIX e que hoje é um esporte. Quer dizer "maneira gentil" porque, no judô, a força do adversário é usada contra ele mesmo.
➤ Esporte

JUIZ *substantivo masculino*
Autoridade que tem o poder de julgar e de fazer com que as leis sejam obedecidas.
⭐ Pessoa que observa e dirige um jogo ou atividade esportiva. É quem marca os pontos e pune as faltas dos jogadores.

JUÍZO *substantivo masculino*
Capacidade que permite avaliar as coisas, ter cuidado, ter responsabilidade.

JULGAR *verbo*
Decidir o que é certo e o que é errado.
⭐ Fazer uma ideia sobre alguém ou alguma coisa.

JUMENTO *substantivo masculino*
Animal mamífero parecido com o cavalo, mas menor, com pelo cinzento e grandes orelhas. É usado para transportar carga. Também chamado jegue ou jerico.
➤ Mamífero

169

JUNTAR *verbo*
Pôr uma coisa próxima de outra, aproximar.
 Reunir coisas ou pessoas.

*O burro **juntou** coragem para ser músico e abandonou seu dono de tantos anos.*
Os Músicos de Bremen, conto dos irmãos Grimm.

JURAR *verbo*
Fazer um juramento.
 Garantir alguma coisa, prometer.
Prometer

JUSTIÇA *substantivo feminino*
Ato de fazer cumprir as leis.
Ação de fazer valer os direitos de cada um, de punir o que é errado, de reconhecer o que é certo.
P. 72

K *substantivo masculino*

Décima primeira letra do nosso alfabeto, usada em siglas e símbolos.
Seu uso principal é como representação da palavra *quilo*, que utilizamos quando dizemos que uma medida é mil vezes maior que outra.
kg = quilograma = 1.000 gramas
km = quilômetro = 1.000 metros

KARAOKÊ *substantivo masculino*

Lugar onde se pode cantar acompanhado por trilha musical.
Aparelho para reproduzir música a ser cantada.

KART *substantivo masculino*

Pequeno automóvel de corrida.

KETCHUP *substantivo masculino*

Molho adocicado feito com tomates.

KIWI *substantivo masculino*

Fruto de casca marrom e peluda e polpa verde.

171

Ll

L *substantivo masculino*
Décima segunda letra do nosso alfabeto.

LABIRINTO *substantivo masculino*
Lugar ou jardim com caminhos que se cruzam e de onde é difícil encontrar a saída.

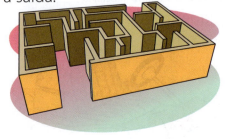

LADO *substantivo masculino*
Parte direita ou esquerda de alguém ou de alguma coisa.
➤ Lugar à direita ou à esquerda de alguém ou alguma coisa.
➤ Parte de dentro ou de fora de objetos.

LADRÃO *substantivo masculino*
Aquele que rouba ou furta alguma coisa.
 Roubar

LAGARTA *substantivo feminino*
Forma da borboleta e da mariposa, logo que sai do ovo. Tem corpo mole e alongado. Algumas têm pelos que podem provocar queimaduras e são chamadas lagarta-de-fogo ou taturana.
➤ Borboleta, metamorfose

LAGARTO *substantivo masculino*
Réptil que vive na terra em lugares cheios de pedras ou em árvores. Seu corpo é coberto por escamas duras. O teiú é a espécie de lagarto mais comum do Brasil.
 Réptil

lago　　　　　　　　　　　　　　　　　　　　　　　　　lanterna

LAGO *substantivo masculino*
Extensão de água cercada de terra.
➜ Água

LÁGRIMA *substantivo feminino*
Líquido salgado que lava e umedece o olho. Quando a pessoa chora, esse líquido escorre pelo nariz e pela face.

Tupã transformou as **lágrimas** da índia Potira em diamantes.
As lágrimas de Potira, lenda do folclore brasileiro.

LAMA *substantivo feminino*
Mistura de água com terra ou argila. Barro.

LAMBUZAR *verbo*
Sujar de comida, tinta, graxa.
 Sujo

LÂMINA *substantivo feminino*
Parte muito fina e afiada dos instrumentos que servem para cortar, como as facas.

LÂMPADA *substantivo feminino*
Tubo de vidro que contém um filamento ou um gás e que serve para iluminar.

A **lâmpada** de filamento foi inventada por Thomas A. Edison, em 1878.

LANCHE *substantivo masculino*
Qualquer refeição ligeira feita entre duas refeições principais.
➜ Merenda   P. 114

LANTERNA *substantivo feminino*
Lâmpada elétrica portátil que funciona com pilhas.
 Pequena lâmpada colocada na frente ou atrás de um veículo.

173

LÁPIS *substantivo masculino*

Instrumento para escrever e desenhar. É formado de grafite preto ou colorido, envolvido por madeira na forma de um cilindro comprido e fino.

P. 114

LARANJA *substantivo feminino*

Fruto da laranjeira. É redonda, com casca amarelada e gomos cheios de suco.
 A cor da laranja: laranja.
 Alimento, cor

LARGAR *verbo*

Soltar; deixar cair.
➡️⭐ Abandonar, deixar ir embora.
➡️ Deixar

LARGO *adjetivo*

Que é amplo, espaçoso.
➡️⭐ Que não está justo ou apertado. Folgado.
➡️⭐ Tipo de praça, onde as pessoas costumam passear.

LAVAR *verbo*

Limpar com água, com ou sem sabão, para tirar a sujeira.
 Higiene

LAVOURA *substantivo feminino*

Ato de cultivar a terra.
➡️⭐ Plantação.

LEÃO *substantivo masculino*

Animal mamífero, carnívoro e feroz, da família dos gatos. Muito encontrado nas savanas da África. O macho possui juba.
➡️ Mamífero

LEGENDA *substantivo feminino*

Texto com explicações, que acompanha ilustrações, gravuras, mapas.
➡️⭐ Letreiro de filmes, que traduz o que está sendo falado em outra língua.

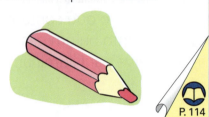

174

legítimo　　　　　　　　　　　　　　　　ler

LEGÍTIMO *adjetivo*
Que está conforme a lei.
➤ Original, verdadeiro.

LEGUME *substantivo masculino*
Planta, ou parte da planta, que serve para comer.
➤ Alimento

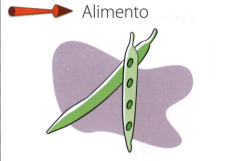

LEI *substantivo feminino*
Regra que estabelece os direitos e os deveres dos cidadãos, à qual eles são obrigados a obedecer.

P. 72

LEITE *substantivo masculino*
Líquido branco nutritivo produzido nas mamas da mulher e nas fêmeas dos mamíferos.
➤ Alimento

LEMBRAR *verbo*
Trazer à memória. Recordar.

LENDA *substantivo feminino*
História fantástica popular que em geral explica fenômenos da natureza, como a origem das coisas, dos animais e das pessoas.
➤ História

LENTE *substantivo feminino*
Objeto de vidro ou outro material transparente que tem pelo menos uma superfície curva. Modifica o tamanho dos corpos que são vistos através dele. As lentes são usadas em óculos, binóculos, máquinas fotográficas, microscópios, telescópios.

LENTO *adjetivo*
Que se movimenta devagar. Vagaroso.

LER *verbo*
Percorrer a vista sobre um texto escrito, em silêncio ou em voz alta, decifrando as palavras e compreendendo o seu sentido.
➤ Palavra

P. 114

175

LETRA *substantivo feminino*
Cada um dos símbolos gráficos com os quais escrevemos as palavras.
➡️ ⭐ Maneira como cada pessoa escreve esses símbolos. Caligrafia.
➡️ ⭐ Conjunto de versos que formam o texto de uma canção.
➡️ Abecedário

LEVANTAR *verbo*
Ficar de pé ou em pé.
➡️ ⭐ Acordar.
➡️ ⭐ Fazer subir alguma coisa. Erguer.

LEVAR *verbo*
Carregar ou conduzir algo ou alguém de um lugar para outro. Transportar.
➡️ ⭐ Sofrer uma ação física (tapa, pancada, surra, soco) de alguém.

LEVE *adjetivo*
Aquilo que tem pouco peso.
➡️ ⭐ Aquilo que, em comparação com outras coisas, pesa menos.

LIBERDADE *substantivo feminino*
Poder de escolher, de decidir e de agir de acordo com a própria vontade.
➡️ ⭐ Condição de um animal que vive solto, que não está aprisionado.

*Zumbi lutou pela **liberdade** dos escravos do Brasil.*

LÍDER *substantivo masc. e fem.*
Pessoa que chefia, comanda ou guia um grupo, uma atividade, uma empresa.
➡️ ⭐ Aquele que se destaca em primeiro lugar numa competição.
➡️ Chefe

LIGAÇÃO *substantivo feminino*
Ato de unir duas ou mais coisas. União.
➡️ ⭐ Relação que existe entre duas ou mais coisas.
➡️ ⭐ Ligação telefônica. Chamada.

ligeiro   líquido

LIGEIRO *adjetivo*
Que é rápido, veloz.
 Rápido

LIMÃO *substantivo masculino*
Fruto do limoeiro. Tem casca verde-amarelada e gomos com suco azedo.
 A cor do limão: amarelo-limão, verde-limão.
→ Alimento

LIMITE *substantivo masculino*
Linha natural ou imaginária que marca e separa terrenos, Estados, países. Fronteira.
 Ponto que marca o fim de alguma coisa ou de um tempo.
→ Fim

LIMPAR *verbo*
Tirar sujeiras.

LÍNGUA *substantivo feminino*
Órgão que fica dentro da boca e da garganta, e que nos ajuda a engolir os alimentos, perceber os sabores e pronunciar as palavras.
 Linguagem própria de um povo.
→ Idioma, Paladar

LINGUAGEM *substantivo feminino*
Qualquer conjunto organizado de sinais e símbolos, como um código, que serve para comunicar ideias e sentimentos. Os sinais da linguagem podem ser letras, números, gestos, sons, desenhos. As línguas dos povos são formas de linguagem.
→ Língua

LINHA *substantivo feminino*
Fio de qualquer material, usado para diversos objetivos: costurar, bordar, pescar, amarrar.
 Qualquer traço ou risco parecido com um fio.
→ Série de palavras escritas na mesma direção nas páginas dos textos, dos livros.
→ Agulha

LÍQUIDO *substantivo masculino*
Substância que tem volume definido, mas que muda de forma, dependendo do lugar onde esteja.

177

LITERATURA *substantivo feminino*
Arte de escrever em prosa ou em versos.
→ ⭐ Conjunto das obras escritas em um país, em uma época ou sobre determinado assunto.

Os contos de fadas fazem parte da literatura infantil.

LIVRO *substantivo masculino*
Obra escrita em verso ou em prosa que forma um só volume, geralmente em folhas de papel impressas.

LIXO *substantivo masculino*
Tudo o que não se quer e que é jogado fora.
→ ⭐ A sujeira que se varre da casa, das ruas.
→ ⭐ O lugar onde se joga o lixo recolhido. Lixeira.

LOBO *substantivo masculino*
Mamífero carnívoro, da família dos cães, que vive em bandos organizados.
→ Cachorro

LOCOMOTIVA *substantivo feminino*
Máquina elétrica ou movida a vapor, que puxa os trens nas estradas de ferro.
→ Trem

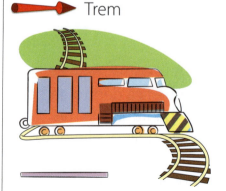

A locomotiva foi inventada por George Stephenson, em 1814.

locomover   luz

LOCOMOVER *verbo*
Mover-se de um lugar e ir para outro.

LOJA *substantivo feminino*
Lugar onde se vendem as mercadorias às pessoas.
 Mercadoria

LONGO *adjetivo*
Comprido.
⭐ Que dura muito tempo. Demorado.

LOUCO *adjetivo*
Que perdeu o juízo. Doido.
⭐ Apaixonado por alguém ou alguma coisa.

LUA *substantivo feminino*
O satélite natural da Terra. Por ser iluminado pelo Sol, à noite pode brilhar no céu do nosso planeta.
⭐ Nome que se dá a qualquer satélite natural de outros planetas.
 Satélite

LUGAR *substantivo masculino*
Espaço ocupado por alguém ou alguma coisa.
⭐ Uma região qualquer: cidade, país, estado, vila.
➡ Espaço, região

LULA *substantivo feminino*
Animal marinho, da família do polvo, com corpo mole e dez tentáculos.
 Animal

LUNETA *substantivo feminino*
Conjunto de lentes numa armação que permite ver a grandes distâncias.
 Telescópio

LUSTRE *substantivo masculino*
Objeto pendurado no teto que sustenta as lâmpadas.
 Lâmpada

LUTAR *verbo*
Brigar com alguém, com ou sem armas.
⭐ Combater sem armas, respeitando regras, geralmente por esporte.
⭐ Esforçar-se para conseguir alguma coisa.

LUZ *substantivo feminino*
Claridade transmitida por astros, pelo fogo, por lâmpadas. Brilho.

179

M *substantivo masculino*
Décima terceira letra do nosso alfabeto.

MAÇÃ *substantivo feminino*
Fruta da macieira.
 Alimento

MACAQUEAR *verbo*
Fazer graça, brincar.
 Brincadeira
Brincar

MACACO *substantivo masculino*
Mamífero com o corpo coberto de pelos, em geral bípede, muito semelhante aos seres humanos.
 Ferramenta que levanta o carro, usada para trocar o pneu.
Mamífero

A filha da Cobra-Grande, furiosa porque os criados haviam soltado a noite, transformou-os em **macacos**.
A criação da noite, lenda do folclore brasileiro.

macarrão　　　　　　　　　　　　　　maiúscula

MACARRÃO *substantivo masculino*
Massa de farinha de trigo que pode ter várias formas: fios finos ou grossos, conchas, parafusos.
 Alimento

O **macarrão** foi inventado pelos chineses.

MACHO *substantivo masculino*
Qualquer animal do sexo masculino.
 Fêmea

MACHUCADO *substantivo masculino*
Ferida.
 Ferir, cicatriz, dor

P. 252

MADEIRA *substantivo feminino*
Parte das plantas que forma seu tronco, ramos e raízes.

MADRASTA *substantivo feminino*
A nova mulher de um homem que já tinha filhos, em relação a esses filhos.

P. 126

MADRUGADA *substantivo feminino*
Período entre a meia-noite e o amanhecer.

MADURO *adjetivo*
Qualidade do fruto que está completamente desenvolvido e pronto para ser comido.
☆ Adulto.
 Jovem

MÁGICA *substantivo feminino*
Magia. Ciência ou arte que busca influenciar os acontecimentos com a ajuda de poderes fantásticos ou ocultos. Esses poderes são invocados com palavras ou ações especiais.
 Feitiçaria

MAGNETISMO *substantivo masculino*
Propriedade de atrair e repelir metais que alguns minérios de ferro possuem.
 Ímã

MAIOR *adjetivo*
Aquilo que é superior a outro em espaço, tamanho, quantidade, intensidade, importância, idade.
 Menor

MAIÚSCULA *substantivo feminino*
Letra maiúscula, caixa alta.
 Minúsculo, letra, abecedário

181

MAL *substantivo masculino*
Aquilo que prejudica, que fere as pessoas ou o meio ambiente. Algo que é nocivo.
→ ⭐ Infelicidade; desgraça.
→ Bem

MAL-HUMORADO *adjetivo*
Que está de mau humor. Aborrecido, irritado.
→ Humor

MALVADO *adjetivo*
Alguém que faz mal aos outros; alguém mau.
→ Mal, Mau, Bem

MAMÃO *substantivo masculino*
Fruto do mamoeiro, de casca verde e amarela e polpa macia, com muitas sementes pretas redondas.
→ Alimento

MAMAR *verbo*
Chupar o leite materno, ou a mamadeira, conforme fazem os bebês e os filhotes dos mamíferos ao nascerem.
→ Mamífero, leite

MAMÍFERO *substantivo masculino*
Animal vertebrado, que mama quando filhote, e que em geral se forma dentro da mãe grávida.
→ Mamar, gravidez

MANDAR *verbo*
Dar ordens ou exigir que se faça alguma coisa.
→ ⭐ Enviar algo para alguém.

MANDIOCA *substantivo feminino*
Raiz de casca grossa marrom escura e polpa branca, muito usada na alimentação. Também é chamada de aipim e macaxeira.
→ Alimento

Contam os índios que a **mandioca** *nasceu do corpo de uma indiazinha branca chamada Mani.*
A lenda da mandioca, lenda do folclore brasileiro.

manga　　　　　　　　　　　　　　　　mão

MANGA *substantivo feminino*
Fruto da mangueira. Sua casca pode ser verde, amarela ou vermelha. Tem polpa amarela, muito suco e apenas um grande caroço.
→ Parte da roupa que cobre o braço, totalmente ou só em parte.
→ Alimento, vestuário

MANGUE *substantivo masculino*
Vegetação nativa nas margens de alguns portos, rios ou lagoas onde chega o mar e onde se forma uma lama preta.
→ Vegetação

P. 20

MANHÃ *substantivo feminino*
Período que vai do nascer do Sol até o meio-dia.
→ Dia, tarde

MANTEIGA *substantivo feminino*
Pasta que se obtém quando se bate a nata do leite de vaca.
→ Substância gordurosa que se parece com a manteiga, mas é extraída de algumas plantas, como o cacau.
→ Alimento, nata

MANUAL *adjetivo*
Que se faz com as mãos.
→ *substantivo masculino*
Livro que ensina técnicas para fazer ou usar alguma coisa.
→ Mão, livro

MANUSCRITO *adjetivo*
Escrito à mão.
→ *substantivo masculino*
Obra que se escreveu ou se copiou à mão.
→ Livro

MÃO *substantivo feminino*
Parte do corpo humano que fica na ponta dos braços. É usada para sentir, pegar e utilizar os objetos.
→ Tato
P. 84

183

MAPA *substantivo masculino*
Desenho em tamanho reduzido de uma região da superfície terrestre, onde podem ser representados países, estados, cidades, continentes, rios, vegetação, clima, população, ruas.

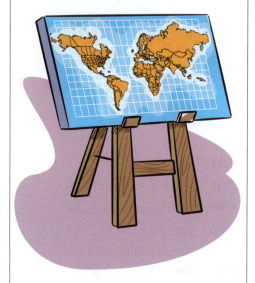

O mapa-múndi é um mapa que representa toda a superfície da Terra.

MAQUETE *substantivo feminino*
Miniatura de uma escultura, um edifício, uma cidade, uma fazenda ou uma paisagem.

MÁQUINA *substantivo feminino*
Aparelho construído para realizar diversos tipos de trabalho nas indústrias, nos transportes, nas casas.

MAR *substantivo masculino*
Grande massa de água salgada que cobre a maior parte da superfície da Terra. Oceano.
⭐ Massa de água salgada isolada do oceano, em geral aprisionada por terras em volta.
→ Oceano

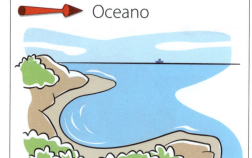

MARACUJÁ *substantivo masculino*
Fruto do maracujazeiro. Tem casca grossa e amarela. Sua polpa é mole e azeda, também amarela, e é muito usada para fazer doces e sucos.
→ Alimento

MARÉ *substantivo feminino*
Movimento das águas do mar que, duas vezes por dia, vão para diante e depois vão para trás na areia, por causa da atração do Sol e da Lua.
→ Mar

margem   matar

MARGEM *substantivo feminino*
Terreno que fica de cada lado de um rio ou em volta de um lago. Beira.
→ ⭐ Parte em branco que fica à esquerda e à direita, embaixo e em cima das folhas dos livros, cadernos, folhas de jornal, revistas.
→ Mar, rio

MARISCO *substantivo masculino*
Qualquer animal invertebrado marinho que se pode comer.
→ Animal

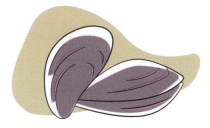

MARTELO *substantivo masculino*
Instrumento de ferro com cabo, usado para pregar pregos ou bater e quebrar coisas.

MASCULINO *adjetivo*
Todo ser vivo que possui órgão para fecundação.
→ Macho

MASSA *substantivo feminino*
Quantidade de matéria de um corpo.
→ ⭐ Farinha misturada com água ou outro líquido qualquer, formando uma pasta.
→ ⭐ Qualquer mistura de produtos que forme uma pasta.

MATA *substantivo feminino*
Terreno coberto de plantas e árvores que ninguém plantou. Mato.
→ Bosque, floresta

O Curupira é o espírito protetor das matas.
Curupira, lenda do folclore brasileiro.

MATAR *verbo*
Tirar a vida de pessoas, animais ou vegetais. Assassinar.
→ ⭐ Acabar com sua fome ou sua sede, ficar satisfeito.

m

185

matemática

MATEMÁTICA *substantivo feminino*
Estudo dos processos de cálculo, das formas geométricas e das medidas que utilizam de números e símbolos.

NUMERAIS

OPERAÇÕES MATEMÁTICAS

adição   subtração   multiplicação   divisão

GEOMETRIA

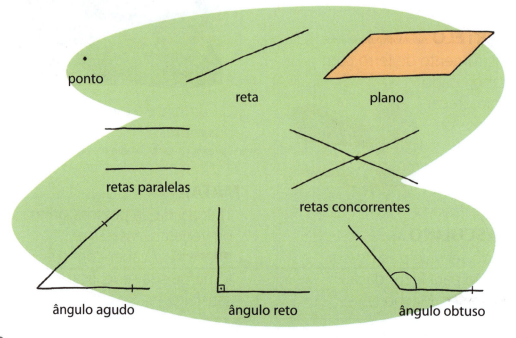

ponto   reta   plano

retas paralelas   retas concorrentes

ângulo agudo   ângulo reto   ângulo obtuso

matemática

FORMAS PLANAS

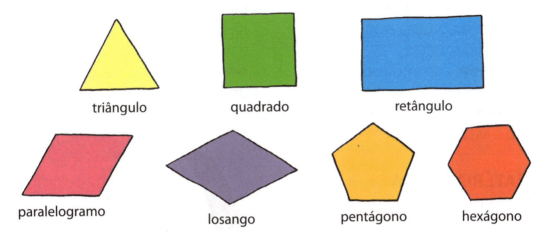

CÍRCULO E ESFERA

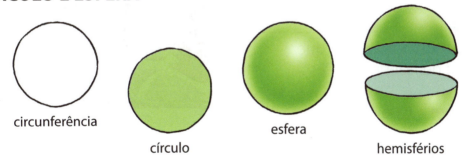

SÓLIDOS

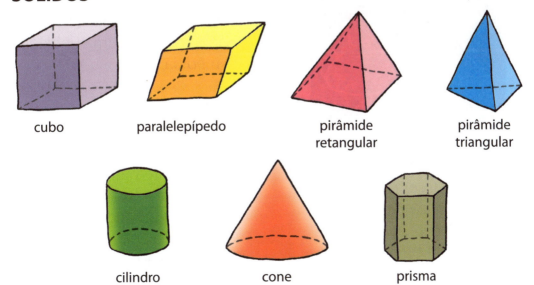

matéria   medo

MATÉRIA *substantivo feminino*
Qualquer substância sólida, líquida ou gasosa que ocupa lugar no espaço.
 Assunto estudado na escola.
Artigo de jornal ou revista.

MATÉRIA-PRIMA *subst. feminino*
Todo material que é usado para produzir alguma coisa.
Produto

MAU *adjetivo*
Que mostra maldade, que gosta de fazer maldades. Ruim.
Que é nocivo, que prejudica.
Maldade, bom

*Como castigo, os meninos **maus** foram condenados a olhar fixamente para a Terra.*
A origem das estrelas, lenda do folclore brasileiro.

MECÂNICO *substantivo masculino*
Profissional que trabalha na limpeza e no conserto das máquinas e dos motores.
adjetivo Qualidade do trabalho feito por máquinas.

P. 270

MEDIR *verbo*
Verificar o comprimento, a largura, a área, o peso, a duração de alguma coisa, usando para isso uma unidade de medida.

MEDO *substantivo masculino*
Sentimento de inquietação e terror que pessoas e animais sentem quando estão ameaçados, correndo um perigo verdadeiro ou que só existe na imaginação.

meio   mercado

MEIO *substantivo masculino*
Ponto que fica no centro de alguma coisa, ou que fica no centro de duas ou mais coisas.
 Ambiente físico e social em que se vive.
Forma, jeito, modo de se fazer ou conseguir as coisas. *Meio de transporte:* meio de se locomover. *Meio de comunicação:* meio de transmitir mensagens.
Modo
P. 20

MELANCIA *substantivo feminino*
Fruto da melancieira, planta trepadeira de origem africana. Tem casca grossa e verde e a polpa vermelha, cheia de suco.
 Alimento

MELODIA *substantivo feminino*
Várias notas ou sons que se seguem, formando uma frase musical.
Tudo que é agradável de ouvir.

P. 198

MEMÓRIA *substantivo feminino*
Capacidade de gravar ou guardar na lembrança fatos e imagens daquilo que vivemos e aprendemos, ou aquilo que pensamos.
Lembrar

MENOR *adjetivo*
Que é inferior em tamanho, em quantidade, intensidade, importância, idade.
 Maior

MENSAGEM *substantivo feminino*
Recado, comunicação ou notícia escrita ou falada.
 Informação, Notícia

MENTIR *verbo*
Dizer ou afirmar coisas sabendo que não são verdadeiras.
Enganar, fingir, inventar

MERCADO *substantivo masculino*
Lugar público onde os negociantes colocam à venda os seus produtos.
 O comércio.
Comércio, vender, mercadoria

189

MERCADORIA *substantivo feminino*
Produto que se coloca para ser vendido ou comprado.
➤ Produto, comércio

MERENDA *substantivo feminino*
O mesmo que lanche.
➤ Lanche, comer, comida

MERGULHAR *verbo*
Entrar na água (ou em outro líquido) e ficar totalmente coberto.

MÊS *substantivo masculino*
Cada uma das 12 partes em que um ano é dividido. O mês tem de 28 a 31 dias.
➤ Calendário

MESMO *adjetivo*
Que é igual.
⭐ Que é muito parecido.
➤ Igual

METADE *substantivo feminino*
Cada uma das duas partes iguais em que alguma coisa foi dividida.
➤ Meio

METAL *substantivo masculino*
Substância química que tem brilho, conduz calor e eletricidade e pode derreter. Geralmente é dura. Os metais mais conhecidos são o ferro, o ouro e a prata.

METAMORFOSE *substantivo fem.*
Mudança de forma, cor e hábitos que acontece com alguns animais, que durante a vida se transformam em outro ser.
➤ Lagarta, transformar

METEOROLOGIA *substantivo fem.*
Ciência que estuda e pesquisa as mudanças da atmosfera e assim consegue prever o tempo.
➤ Atmosfera, tempo

metro · microscópio

METRO *substantivo masculino*
Unidade de medida de comprimento. Seu símbolo é o *m*. A distância entre um polo da Terra e a linha do equador foi dividida em 10 milhões de partes: cada uma dessas partes é um metro.
→ Medir

METRÔ *substantivo masculino*
Trens elétricos urbanos que circulam rapidamente, em estradas geralmente subterrâneas, e que transportam grande número de pessoas numa cidade.
→ Transporte

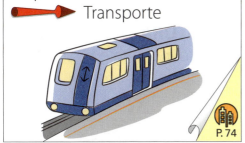
P. 74

MEXER *verbo*
Agitar alguma coisa dentro de um pote, uma vasilha.
★ Pôr alguma coisa (ou se pôr) em movimento.
★ Tocar ou mover algo, tirar algo de lugar.
→ Movimento

MICRÓBIO *substantivo masculino*
Qualquer ser muito pequeno, animal ou vegetal, que só se pode ver com microscópio. Vive na terra, na água, no ar e em outros seres vivos. Os micróbios geralmente provocam doenças.
Outros nomes: microrganismos, germe.

P. 252

MICROSCÓPIO *substantivo masculino*
Instrumento que possui lentes de aumento e torna possível enxergar coisas muito pequenas, que não podemos ver a olho nu.
→ Lente

191

MIGRANTE *substantivo masc. e fem.*
Pessoa que sai de uma região para se mudar para outra.
 Imigrante

MILHO *substantivo masculino*
Cereal nativo da América do Sul, com sementes que nascem em espigas. Por ser nutritivo, hoje é plantado no mundo inteiro.
 Cereal, Farinha
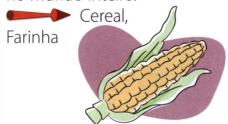

MILITAR *substantivo masc. e fem.*
Aquele que pertence às forças armadas: ao Exército, à Marinha ou à Aeronáutica.
P. 72

MÍMICA *substantivo feminino*
Arte de expressar palavras e pensamentos sem falar, somente com movimentos do rosto e do corpo.
 Gesto

MINERAÇÃO *substantivo feminino*
Trabalho de extrair minerais e rochas das minas.
Mineral
P. 270

MINERAL *substantivo masculino*
Substância natural que é feita de matéria sem vida, em geral sólida, com estrutura interna bem definida. Os minerais formam as rochas e a superfície da Terra.

MINHOCA *substantivo feminino*
Tipo de verme mole com o corpo comprido dividido em anéis.
A minhoca é importante para a agricultura: cava buracos que ajudam a água a entrar na terra.

 Animal

MINIATURA *substantivo feminino*
Qualquer objeto em tamanho diminuído.

MÍNIMO *adjetivo*
Muito pequeno.

192

minúsculo   modo

MINÚSCULO *adjetivo*
Muito pequeno.
→ *substantivo feminino*
Letra minúscula, caixa baixa.
→ Maiúscula, abecedário, letra

*A Pequena Polegar era uma menina **minúscula**.*
A Pequena Polegar, conto de tradição popular.

MINUTO *substantivo masculino*
Medida de tempo que tem 60 segundos. Uma hora tem 60 minutos.
→ Hora, tempo

MISÉRIA *substantivo feminino*
Situação de imensa pobreza.
→ Fome

MISTÉRIO *substantivo masculino*
Tudo o que não se consegue explicar ou compreender.
→ Coisa que fica em segredo, ou que ninguém conhece.

MODA *substantivo feminino*
Determinados tipos de vestuário que são muito usados pelos povos num certo período.
→ Conjunto de opiniões e gostos que são muito comuns entre as pessoas de um povo num certo período.

MODERNO *adjetivo*
Que é da época, do século ou da década em que se vive.

MODO *substantivo masculino*
Maneira de ser ou de agir de alguma pessoa ou animal.
→ Forma, jeito, meio de se fazer ou conseguir as coisas.
→ Jeito, forma, meio

193

moeda   momento

MOEDA *substantivo feminino*

Dinheiro de metal, geralmente redondo, com o valor e o símbolo do país de origem.

➡️ ⭐ Dinheiro de um país.
➡️ Dinheiro

P. 270

MOER *verbo*

Transformar alguma coisa em pó ou em pedaços muito pequenos.

MOMENTO *substantivo masculino*

Espaço de tempo muito pequeno.

➡️ ⭐ Ponto no tempo em que algo acontece.
➡️ Hora

*Naquele **momento**, a Iara levou o guerreiro para o fundo do rio.*
Iara, a mãe-d'água, lenda do folclore brasileiro.

194

monumento monocicleta

MONUMENTO *substantivo masculino*
Estátua ou qualquer tipo de construção feita para homenagear alguém ou um fato.

MORANGO *substantivo masculino*
Fruto do morangueiro. É pequeno, vermelho e nativo da Europa. Com ele se fazem doces variados, sorvetes, geleias.
→ Alimento

MORCEGO *substantivo masculino*
Mamífero voador e noturno. Dorme de cabeça para baixo, pendurado pelas patas.
→ Mamífero

MORRER *verbo*
Deixar de existir, de viver.
→ Parar de funcionar (o motor de um veículo).

MOSCA *substantivo feminino*
Inseto com duas asas, muito comum em todo o planeta: há mais de 80 mil espécies de mosca.
→ Inseto

MOSQUITO *substantivo masculino*
Inseto com duas asas, parecido com a mosca. A fêmea pica e suga o sangue de outros animais e pode transmitir doenças, como a malária, a febre amarela e a dengue.
→ Inseto

MOSTRAR *verbo*
Deixar ver algo. Exibir, apresentar.
→ Provar algo, demonstrar.

MOTOCICLETA *substantivo feminino*
Meio de transporte de duas rodas, parecido com a bicicleta, mas maior, mais forte e com motor. Geralmente é chamado de moto.
→ Transporte

195

MOTOR *substantivo masculino*
Aparelho que produz força para fazer as máquinas se moverem.

MOTORISTA *substantivo masc. e fem.*
Pessoa que dirige automóvel, ou outro meio de transporte terrestre com motor.
 Pedestre

MÓVEL *adjetivo*
Algo que pode ser movido.
 *substantivo masculino*
Qualquer peça que se usa, em casas e edifícios em geral, para se sentar, se deitar, guardar coisas, apoiar objetos.
 Imóvel

MOVIMENTO *substantivo masculino*
Ato de mudar de lugar ou de posição. Ato de se mover.
➡️ Agitação de pessoas.

MUDAR *verbo*
Sair do lugar onde vivia para ir morar em outro lugar, ou tirar alguma coisa de um lugar e colocar em outro.
➡️ Ficar diferente. Transformar-se.
➡️ Trocar.

MUDO *substantivo masculino*
Quem não consegue falar, por causa de algum defeito físico.
➡️ Quem, por algum motivo, não quer falar ou responder. Calado.

MULATO *substantivo masculino*
Mestiço, filho de branco e negro.
 Caboclo

MULHER *substantivo feminino*
Ser humano do sexo feminino.
➡️ Esposa.
➡️ Homem

multa   museu

MULTA *substantivo feminino*
Dinheiro cobrado de alguém que não obedeceu a alguma lei ou que atrasou algum pagamento.
 Dinheiro

MULTIDÃO *substantivo feminino*
Grande quantidade de pessoas, animais ou coisas reunidas.

MULTIPLICAR *verbo*
Aumentar a quantidade de alguma coisa, produzir muito.
➡️ Realizar a operação da multiplicação.
➡️ Ter filhos, reproduzir-se.

P. 186

MÚMIA *substantivo feminino*
Cadáver, geralmente de pessoa importante, que era embalado e tratado com substâncias especiais para impedir que apodrecesse. Esse processo, a mumificação, era feito principalmente pelos antigos egípcios.
➡️ Pirâmide

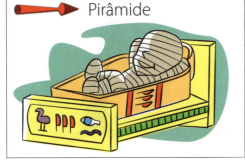

MUNDO *substantivo masculino*
O nosso planeta, a Terra.
➡️ A maioria das pessoas.

*Todo **mundo** se alegrou quando Simbá voltou são e salvo.*
As Mil e Uma Noites, autoria desconhecida.
P. 20

MÚSCULO *substantivo masculino*
Carne que sustenta os ossos no corpo dos animais e é responsável por realizar os movimentos.

P. 84

MUSEU *substantivo masculino*
Lugar que tem o objetivo de procurar, estudar, reunir e expor para o público obras de valor nos campos da arte, da história, das ciências.
 História

197

música

MÚSICA *substantivo feminino*
Arte de combinar e organizar sons, de se expressar por meio de sons, de acordo com sua época e sua cultura.
→ Qualquer composição musical.

baião

rock

samba

músicos de uma orquestra

música

NOTAS MUSICAIS

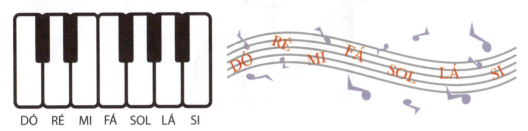

APARELHOS PARA REPRODUÇÃO DE SONS

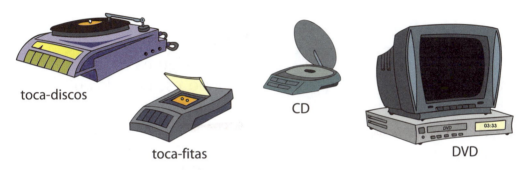

INSTRUMENTOS MUSICAIS

N *substantivo masculino*
Décima quarta letra do nosso alfabeto.

NAÇÃO *substantivo feminino*
O país, seu povo, seu governo. Pátria.
 País, pátria
P. 72

NADAR *verbo*
Mover-se na água com o próprio corpo, sem afundar.

NAMORAR *verbo*
Ter uma relação de amor com alguém e virar companheiro dessa pessoa.
 Amar

NARRAR *verbo*
Contar alguma coisa, falando, escrevendo ou com imagens.
 Contar, literatura

NASCER *verbo*
Sair da barriga da mãe ou do ovo.
Vir ao mundo.

NATA *substantivo feminino*
A parte gordurosa do leite, que fica na sua superfície.
 Manteiga, leite

natação   necessidade

NATAÇÃO *substantivo feminino*
Modo de os animais que vivem na água se locomoverem.
⇒ Esporte ou exercício de nadar.
▶ Esporte

NATIVO *substantivo masculino*
Pessoa que nasceu em determinado lugar;
⇒ Indígena.
▶ Natural, índio

NATURAL *adjetivo*
Tudo o que vem da natureza ou é encontrado nela.
⇒ Nativo.
▶ Nativo, natureza

NATUREZA *substantivo feminino*
Todas as coisas, vivas ou não, que não são fabricadas pelo homem e que formam o Universo.
⇒ Jeito de ser de alguém.

NAVE *substantivo feminino*
Embarcação usada para viajar no espaço.
▶ Embarcação, espaço

NAVEGAR *verbo*
Viajar pelas águas, pelo ar ou pelo espaço planetário, em navios, aviões, foguetes, naves espaciais.

NEBLINA *substantivo feminino*
Grande quantidade de vapor das nuvens que fica bem perto do chão e atrapalha a visão. Nevoeiro.

NECESSÁRIO *adjetivo*
Que tem de ser feito.
⇒ Algo importante, fundamental.
▶ Importante

NECESSIDADE *substantivo feminino*
Precisão; estado de precisar de alguma coisa.

201

NÉCTAR *substantivo masculino*
Líquido doce produzido pelas plantas. Com ele, as abelhas fazem o mel.

NEGAR *verbo*
Dizer que não é verdade.

NEGRO *substantivo masculino*
Pessoa da raça negra.
➡ Cor preta.
➡ Cor

NERVOSO *adjetivo*
Que se irrita facilmente.

NEVE *substantivo feminino*
Pequenos flocos de gelo, brancos, que caem como chuva quando está muito frio. É formado pelo vapor d'água congelado.
➡ Água, gelo

NINHO *substantivo masculino*
Habitação que as aves e outros animais fazem para pôr os seus ovos e criar os filhotes.
➡ Habitação

P. 64

NITROGÊNIO *substantivo masculino*
Um dos três gases mais abundantes da atmosfera. É usado em muitos processos industriais e em lâmpadas.
➡ Indústria, lâmpada

NÓ *substantivo masculino*
Laço apertado, feito de corda, barbante ou outro fio qualquer.

NOBRE *adjetivo*
Que tem título de nobreza: conde, barão, duque. O título pode ter sido herdado da família ou doado pelo rei.
➡ Herança

NOCIVO *adjetivo*
Que faz mal, que prejudica.
➡ Mal

noite　　　　　　　　　　　　　　　novo

NOITE *substantivo feminino*
Período entre o pôr do Sol e o nascer do dia seguinte. Como não se vê o Sol, tudo fica escuro e se podem ver as estrelas.
 Dia

*A **noite** fez barulho no coco e os índios ficaram curiosos.*
A criação da noite, lenda do folclore brasileiro.

NOME *substantivo masculino*
Palavra que se usa para indicar e reconhecer pessoas, animais, coisas, sentimentos e lugares.
 Palavra

NORMAL *adjetivo*
Que é comum, natural.
 Comum

NOTA *substantivo feminino*
Dinheiro em forma de papel.
⭐ Número ou letra que indica o resultado de uma prova ou teste.
⭐ Nota musical: dó, ré, mi, fá, sol, lá, si.

NOTÍCIA *substantivo feminino*
Informação sobre alguma coisa nova.
⭐ Texto falado ou escrito que informa sobre o que acabou de acontecer ou está acontecendo no mundo.
 Informação

NOVELA *substantivo feminino*
História em capítulos, apresentada no rádio ou na televisão.

NOVIDADE *substantivo feminino*
Aquilo que é novo, que ainda não foi conhecido por todos.
⭐ Notícia.

NOVO *adjetivo*
Que existe há pouco tempo. Que acabou de acontecer ou de ser feito.
⭐ Que foi pouco usado.
→ Velho

203

noz nuvem

NOZ *substantivo feminino*
Fruto da nogueira, em geral comido seco. Tem casca dura e a semente comestível, cheia de óleo.
→ Alimento

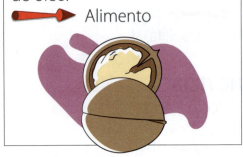

NU *adjetivo*
Sem roupa.
→ Olho nu: enxergar sem a ajuda de nenhum instrumento.

– O rei está **nu**!
A Roupa Nova do Rei, conto de tradição popular.

NUBLADO *adjetivo*
Cheio de nuvens.
→ Nuvem

NUMERAL *adjetivo*
Que representa ou indica um número.
→ *substantivo masculino*
Palavras ou símbolos que representam um número.

P. 186

NÚMERO *substantivo masculino*
Expressão de quantidade.
→ Cada uma das cenas ou músicas apresentadas em espetáculos de teatro, circo.

P. 186

NUTRITIVO *adjetivo*
Que tem o poder de alimentar o corpo e torná-lo forte.

P. 252

NUVEM *substantivo feminino*
Massa de gotas minúsculas de água ou de gelo que se acumula no ar, flutua no céu e dá origem às chuvas.
→ Qualquer coisa que se pareça com uma nuvem, ou qualquer ajuntamento de substâncias que flutuem no ar.

204

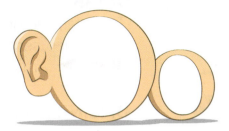

O *substantivo masculino*
Décima quinta letra do nosso alfabeto.

OÁSIS *substantivo masculino*
Lugar onde existe água e vegetação no meio de um deserto.
 Deserto

OBEDECER *verbo*
Fazer algo que alguém mandou; cumprir as ordens de alguém.
⟶ ⭐ Agir de acordo com a lei.
⟶ Cumprir

OBJETO *substantivo masculino*
Tudo o que podemos ver ou tocar.

OBJETIVO *substantivo masculino*
Aquilo que se quer alcançar quando se faz alguma coisa. Alvo, propósito.

OBOÉ *substantivo masculino*
Instrumento musical de sopro.

P. 198

OBRIGAR *verbo*
Forçar algo ou alguém a fazer alguma coisa.

205

OCA *substantivo feminino*
Cabana dos índios do Brasil.
→ Índio, Tribo

OCEANO *substantivo masculino*
Grande massa de água salgada que cobre a maior parte da superfície terrestre. Principais oceanos: Atlântico, Pacífico, Índico e Ártico.
→ Mar

OCIDENTE *substantivo masculino*
Lado em que o Sol se põe. Poente. Oeste.
→ Regiões que ficam no hemisfério oeste do globo terrestre.
→ Oriente

OCO *adjetivo*
Algo que é vazio por dentro.

ÓCULOS *substantivo masculino plural*
Lentes presas por um aro, usadas em frente aos olhos para ajudar ou corrigir a visão.
→ Lente, visão

ODIAR *verbo*
Detestar, não gostar nem um pouco, sentir muita raiva.
→ Amar

OFICINA *substantivo feminino*
Lugar onde se fabricam ou se consertam coisas.
→ Lugar onde se realiza todo tipo de trabalho.

Na **oficina** de Gepeto, havia muitos brinquedos estranhos.
Pinóquio, Carlo Collodi.

P. 270

ÓLEO *substantivo masculino*
Líquido gorduroso que pode ser extraído de plantas, animais ou minerais.

OLFATO *substantivo masculino*
Sentido com o qual percebemos os cheiros. O nariz é o órgão do olfato.
→ Sentir

206

olhar / operação

OLHAR *verbo*
Pôr os olhos em alguma coisa.
⭐ Tomar conta de alguém ou de alguma coisa; cuidar.
→ Enxergar

OLIMPÍADA *substantivo feminino*
Competição internacional de esportes de diversas modalidades. Ocorre de quatro em quatro anos em um país diferente.
→ Esporte

ONÇA *substantivo feminino*
Animal mamífero e carnívoro, da família dos gatos.
→ Mamífero

ONDA *substantivo feminino*
Porção de água do mar, lago ou rio, que sobe e desce.

ÔNIBUS *substantivo masculino*
Veículo grande, com motor, para transportar muitas pessoas. Pode ser usado dentro das cidades ou ir de uma cidade para outra.
→ Transporte

P. 74

OPERAÇÃO *substantivo feminino*
Cálculo matemático para conseguir um resultado. Na aritmética há quatro operações elementares: adição, subtração, multiplicação e divisão.
⭐ Tratamento médico em que se corta o corpo para tratá-lo por dentro.
→ Aritmética

P. 186

207

OPERÁRIO *substantivo masculino*
Trabalhador que realiza atividades manuais ou trabalha com máquinas em troca de um salário.

ORAL *adjetivo*
Que tem relação com a boca.
➡️ Algo que é transmitido de boca em boca e não por escrito.

OPOSTO *adjetivo*
Contrário.

ORDEM *substantivo feminino*
Organização das coisas de acordo com algum ponto de vista, ou para arrumá-las de um jeito agradável.
➡️ Regra, obrigação, lei, aquilo que se manda fazer.

ORDENAR *verbo*
Organizar as coisas de acordo com algum ponto de vista, ou para arrumá-las de um jeito agradável.
➡️ Mandar, dar ordens.

*A bruxa **ordenou** que Rapunzel vivesse sozinha no deserto.*
Rapunzel, conto de tradição popular.

órfão   ótimo

ÓRFÃO *substantivo masculino*
Pessoa que perdeu o pai ou a mãe, ou os dois.

ORGANIZAR *verbo*
Arrumar, colocar as coisas em ordem para que funcionem bem.
⟶ ⭐ Formar equipes ou grupos de pessoas.

ÓRGÃO *substantivo masculino*
Parte do corpo que tem uma ou muitas funções só dela.
⟶ ⭐ Instrumento musical de teclado, parecido com o piano.

ORIENTE *substantivo masculino*
Lado em que o Sol nasce. Nascente. Leste.
⟶ ⭐ Países ou regiões que ficam do lado leste.
⟶ Ocidente

ORIGEM *substantivo feminino*
Princípio, início de algo.
⟶ Princípio

ORIGINAL *adjetivo*
Que nunca existiu igual. Criativo, novo.
⟶ ⭐ Verdadeiro, que não é imitação nem cópia.
⟶ Legítimo

ORQUESTRA *substantivo feminino*
Conjunto grande de músicos que tocam juntos diferentes instrumentos (de corda, sopro, percussão), de acordo com as ordens de um maestro.

P. 198

ORTOGRAFIA *substantivo feminino*
Maneira correta de escrever as palavras e de usar os sinais de pontuação.
⟶ Gramática

OSSO *substantivo masculino*
Cada uma das partes duras que formam o esqueleto dos vertebrados. Os ossos ajudam a dar forma ao corpo, sustentam os músculos e protegem os órgãos.
⟶ Esqueleto

P. 84

ÓTIMO *adjetivo*
Muito bom.

209

OURO *substantivo masculino*
Metal de cor amarela e brilhante, valioso, usado para fazer joias, moedas e outros objetos.
 Metal

*O sapo encontrou, no brejo, a bola de **ouro** da princesa.*
O Príncipe sapo, conto de tradição popular.

OVAL *adjetivo*
Que tem forma de ovo.

OVÁRIO *substantivo masculino*
Órgão das fêmeas onde se formam os ovos.

OVO *substantivo masculino*
Célula que se forma quando a célula reprodutora feminina se encontra com a célula reprodutora masculina. Em alguns animais, essa célula é colocada para fora do corpo da mãe; em outros, não.
⭐ O ovo das aves, principalmente o da galinha.

OXIGÊNIO *substantivo masculino*
Gás incolor, sem cheiro e sem gosto, que existe em maior quantidade sobre a Terra, misturado com outros gases. Sem ele, os seres vivos, animais e vegetais, não podem viver.
 Atmosfera

OZÔNIO *substantivo masculino*
Gás azulado que protege a Terra de raios solares ultravioleta, que fazem mal para o homem, as plantas e os animais.
 Atmosfera

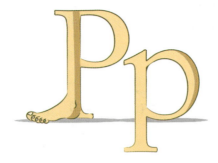

P *substantivo masculino*
Décima sexta letra do nosso alfabeto.

PACA *substantivo feminino*
Mamífero roedor, de pelo marrom, encontrado na América do Sul.
➡ Roedor

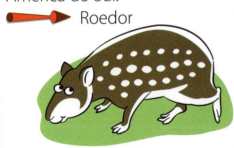

PACIÊNCIA *substantivo feminino*
Qualidade de esperar ou de fazer alguma coisa com calma.

PADRASTO *substantivo masculino*
O novo marido de uma mulher que já tinha filhos, em relação a esses filhos.

P. 126

PAGAR *verbo*
Resolver uma dívida.
➡ ⭐ Dar dinheiro a alguém em troca de coisas ou de seu trabalho.
➡ Dívida, salário

PÁGINA *substantivo feminino*
Cada um dos lados das folhas de livros, cadernos, revistas, jornais.
➡ Folha

PAÍS *substantivo masculino*
Território com limites bem definidos, habitado por um povo com tradições, história e leis próprias. Pátria, nação.
➡ Nação

PAISAGEM *substantivo feminino*
Espaço que se alcança com a visão, num só olhar.

211

PALÁCIO *substantivo masculino*

Edifício grande e luxuoso onde moram reis, governantes ou pessoas importantes.

 Castelo

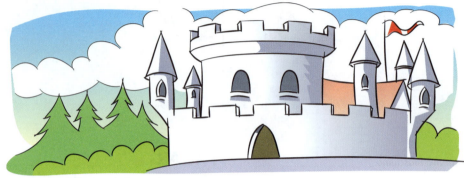

*Depois das cerimônias do batismo, os convidados voltaram ao **palácio** para assistir ao banquete das fadas.*

PALADAR *substantivo masculino*

Sentido que percebe o sabor das coisas. O órgão do paladar é a língua.

 Sentido, língua

PALAVRA *substantivo feminino*

Conjunto de sons falados ou escritos que possuem significado. As palavras são usadas para as pessoas se comunicarem e expressarem sentimentos e pensamentos.

 Língua

*Basta, para começar. Há muitas **palavras** difíceis aí.*
Alice no País das Maravilhas, Lewis Carroll.

palavrão   pântano

PALAVRÃO *substantivo masculino*
Palavra mal-educada, geralmente usada para ofender.
➤ Xingar

PALCO *substantivo masculino*
Lugar onde os atores representam, os cantores cantam, os músicos tocam. Tablado.
➤ Teatro

PALHAÇO *substantivo masculino*
Artista de circo que faz graças, piadas e caretas para divertir o público.
➤ Circo

PALMEIRA *substantivo feminino*
Árvore de caule comprido, em geral alto. Seus galhos cheios de folhas ficam no seu topo, como uma coroa.

PANDEIRO *substantivo masculino*
Instrumento musical de percussão. Muito usado em alguns ritmos brasileiros, como o coco e o samba.
➤ Instrumento

PÂNTANO *substantivo masculino*
Região coberta por águas paradas. Brejo.

213

pantera — paralelo

PANTERA *substantivo feminino*

Mamífero carnívoro, feroz, da família dos gatos, que vive em matas e selvas.

→ Mamífero

PÃO *substantivo masculino*

Alimento assado, feito de farinha de trigo ou de outros cereais amassados com água, leite ou ovos.

PAPAGAIO *substantivo masculino*

Ave colorida muito comum nas matas e florestas tropicais. Algumas espécies imitam muito bem a voz humana.

→ Brinquedo feito de papel e varetas que se solta no ar, preso com uma linha. Também chamado de pipa ou arraia.

→ Ave

P. 48

PAPEL *substantivo masculino*

Pasta feita de vegetais e água que é transformada em folhas finas, depois de seca. As folhas de papel são usadas para escrever, imprimir, embrulhar.

→ Personagem representada por um ator ou uma atriz no cinema, no teatro ou na televisão.

→ Função ou dever que algo ou alguém cumpre.

PAR *adjetivo*

Que pode ser dividido por dois.

→ Ímpar, número.

→ *substantivo masculino*
Conjunto de dois objetos ou seres vivos com características parecidas.

PARALELO *adjetivo*

Na matemática, é a qualidade das linhas ou dos planos que mantêm sempre a mesma distância uns dos outros.

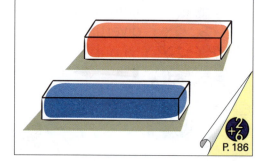

P. 186

214

parar   partícula

PARAR *verbo*
Não continuar a fazer alguma coisa.
 Ficar parado.

PARASITA *substantivo masc. e fem.*
Ser que vive dentro de outro ser e que dele se alimenta, muitas vezes fazendo-lhe mal.
 Verme, vírus
P. 252

PARECER *verbo*
Ter características quase iguais às de outra coisa, pessoa ou animal; ser parecido.
 Dar a impressão de alguma coisa.
 Semelhante

Em seu sono de cem anos, a Bela Adormecida **parecia** morta.
A Bela Adormecida, conto de tradição popular.

PARQUE *substantivo masculino*
Lugar público com jardins, bancos e, às vezes, brinquedos.

PARTE *substantivo feminino*
Porção de algo completo, inteiro.
 Inteiro

PARTICIPAR *verbo*
Tomar parte em uma atividade. Ajudar a realizar alguma atividade ou trabalho; ser um participante.

PARTÍCULA *substantivo feminino*
Parte muito pequena de alguma coisa.

215

particular   pau-brasil

PARTICULAR *adjetivo*
Que pertence somente a certas pessoas ou coisas, e não a outras.
 Próprio

PARTIR *verbo*
Ato de dividir em partes; quebrar.
 Ir embora.

PASSADO *substantivo masculino*
O tempo que já passou.
 Tempo

PÁSSARO *substantivo masculino*
Ave de tamanho pequeno ou médio. Passarinho.
Ave

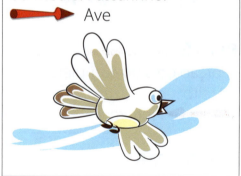

PATA *substantivo feminino*
Fêmea do pato.
Pé de animal.

PATO *substantivo masculino*
Ave aquática que pode ser doméstica ou selvagem. Sua carne e seus ovos são usados para a alimentação.
 Ave

PÁTRIA *substantivo feminino*
País onde se nasce e ao qual se pertence como cidadão. Nação.
Nação, país

PAU-BRASIL *substantivo masculino*
Árvore que era muito comum no litoral do Brasil e hoje é rara. É dela que vem o nome do nosso país.
O pau-brasil era muito valorizado pela sua madeira vermelha: com ela os portugueses faziam tinta, na época do Descobrimento.

pavão   pedra

PAVÃO *substantivo masculino*
Ave de tamanho médio, nativa da Ásia, que vive em florestas. O macho tem uma cauda grande e colorida, que abre quando quer encantar a fêmea.

PAZ *substantivo feminino*
Estado de tranquilidade pública, quando não há guerra ou violência.
 Sossego; silêncio.

PÉ *substantivo masculino*
Parte do corpo ligada à perna, que serve para o homem andar.
 Uma árvore ou planta de qualquer espécie.
 Parte do móvel que serve para apoiá-lo no chão.
P. 84

PECUÁRIA *substantivo feminino*
Atividade que trata de tudo o que está relacionado à criação de gado.
 Gado
P. 270

PEDAÇO *substantivo masculino*
Porção de algo. Bocado.

PEDESTRE *substantivo masc. e fem.*
Pessoa que anda a pé.
 Motorista

PEDIR *verbo*
Dizer ou mostrar a alguém que quer alguma coisa.
 Insistir

PEDRA *substantivo feminino*
Qualquer pedaço de rocha, duro e sólido, encontrado na natureza.
 Rocha

*Quando eu jogar **pedras** da janela do meu quarto, podem sair.*
As Mil e Uma Noites, autoria desconhecida.

217

PEGADA *substantivo feminino*
Marca deixada no chão pelos pés das pessoas ou pelas patas dos animais.

PEIXE *substantivo masculino*
Animal vertebrado que vive dentro da água e respira por meio de brânquias ou guelras. Sua pele é lisa, com ou sem escamas.

PELE *substantivo feminino*
Órgão que cobre e protege o corpo dos vertebrados, inclusive o do homem.

PELO *substantivo masculino*
Fio, grosso ou fino, que cresce na pele dos mamíferos e serve para conservar o calor do corpo. Cabelo, penugem.
➞ Conjunto de pequenos fios que crescem em algumas flores, frutos e sementes.
➞ Cabelo

P. 84

PENA *substantivo feminino*
Cobertura que conserva o calor do corpo das aves e ajuda no voo.
➞ Castigo.
➞ Dó, piedade.
➞ Ave

PENSAMENTO *substantivo masculino*
Ato de pensar. Tem relação com a inteligência, a mente.
➞ Aquilo que se pensa.
➞ Ideia

PENSAR *verbo*
Combinar ideias. Imaginar. Refletir. Julgar.

pente   perder

PENTE *substantivo masculino*
Instrumento usado para alisar ou desembaraçar o cabelo.

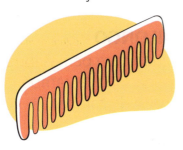

PERA *substantivo feminino*
Fruta da pereira. Tem casca fina, verde ou amarela.
→ Alimento

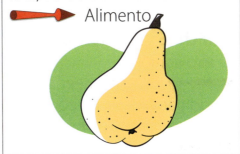

PEQUENO *adjetivo*
Que tem tamanho pequeno. Que é pouco comprido ou largo.
→ Criança

Parece que a origem do mito do boitatá vem de um **pequeno** raio de luz, o fogo-fátuo ou santelmo.
Boitatá, lenda do folclore brasileiro.

PERDER *verbo*
Ficar sem algo que era seu, ou esquecer onde colocou algo.
→ Não ganhar uma competição, ser derrotado.
→ *Perder-se:* ficar perdido. Não conseguir encontrar um caminho.

O estancieiro ficou indignado por ter **perdido** a aposta e pôs toda a culpa no Negrinho.
O negrinho do pastoreio, lenda do folclore brasileiro.

219

perdoar   pertencer

PERDOAR *verbo*
Desculpar alguém ou alguma coisa.

PERFUME *substantivo masculino*
Cheiro agradável.
 Líquido cheiroso usado para passar no corpo, na roupa, nos ambientes.
 Cheiro

PERGUNTAR *verbo*
Fazer pergunta.
 Procurar saber algo. Pedir informação.
 Indagar

PERIGO *substantivo masculino*
Situação em que existe ameaça. Risco.

PERÍODO *substantivo masculino*
Espaço de tempo entre dois momentos.
➤ Tempo

PERIQUITO *substantivo masculino*
Ave pequena da família do papagaio. Também chamada de tuim.
➤ Papagaio

PERMISSÃO *substantivo feminino*
Autorização; ato de permitir algo.

PERNILONGO *substantivo masculino*
Mosquito com pernas longas que suga sangue. Também chamado de carapanã ou muriçoca.
➤ Mosquito

PERSEGUIR *verbo*
Ir atrás seguindo alguém ou alguma coisa.
 Aborrecer, incomodar.
➤ Incomodar

PERSONAGEM *subst. masc. e fem.*
Cada uma das pessoas ou animais que fazem parte de uma história num livro, numa peça, numa novela, num filme.
➤ Papel

PERTENCER *verbo*
Fazer parte.
 Ser propriedade de alguém.

peru   piano

PERU *substantivo masculino*
Ave doméstica, da família das galinhas. Sua carne é usada na alimentação.

PESADELO *substantivo masculino*
Sonho mau, que dá medo.
 Sonho

PESAR *verbo*
Colocar alguma coisa na balança para saber o seu peso.

PESCAR *verbo*
Apanhar peixe ou outros animais na água com anzol, rede, lança.

PESQUISA *substantivo feminino*
Busca de informações e de imagens sobre um determinado assunto.

PESSOA *substantivo feminino*
Ser humano; homem ou mulher.

PETRÓLEO *substantivo masculino*
Óleo preto formado pelo apodrecimento de restos de animais e de vegetais que ficaram no fundo dos mares e lagos há milhões de anos. Com ele se faz a gasolina e o querosene.

PIADA *substantivo feminino*
Algo engraçado que se diz, ou uma história curta engraçada.
 Humor

PIANO *substantivo masculino*
Instrumento musical de cordas com 88 teclas. Quando as teclas são tocadas, pequenos martelos de madeira batem nas cordas, produzindo os sons.

P. 198

221

pica-pau   pintura

PICA-PAU *substantivo masculino*

Pequena ave de bico muito forte. O macho possui um penacho vermelho ou laranja. Faz pequenos furos nos troncos das árvores para pegar insetos e furos maiores para fazer seu ninho.
➡ Ave

PILHA *substantivo masculino*
Coisas amontoadas umas sobre as outras.
➡ Aparelho que produz eletricidade.
➡ Bateria

PINGUIM *substantivo masculino*
Ave marinha que vive nas águas geladas do Hemisfério Sul. Não voa. Usa as asas para nadar e mergulha para caçar peixes.
➡ Ave

PINHEIRO *substantivo masculino*
Nome de várias espécies de árvores muito altas, que dão muita madeira. O pinheiro-do-paraná (araucária) é nativo do Brasil e suas sementes, os pinhões, são usadas na alimentação.

PINTAR *verbo*
Representar figuras por traços ou cores, usando tinta.
➡ Cobrir de tinta.
➡ Colorir.

PINTURA *substantivo feminino*
A arte da pintura.
➡ A obra de um pintor, feita em tela, papel, madeira. Quadro.
Ato de cobrir uma parede ou um objeto com tintas.

P. 28

222

piolho					pirata

PIOLHO *substantivo masculino*
Inseto pequeno que chupa o sangue de mamíferos e de aves. No homem, costuma ficar na cabeça, entre os cabelos.

PIPI *substantivo masculino*
Xixi, urina.
➜ O sexo dos meninos.
➜ Xixi, Sexo

P. 84

PIPOCA *substantivo feminino*
Grão de milho que estoura com o calor e que se come com sal ou com açúcar.
➜ Milho

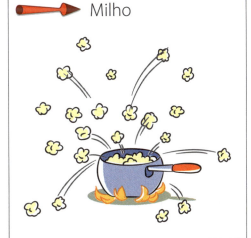

PIRÂMIDE *substantivo feminino*
Objeto ou construção com quatro lados triangulares que se juntam no alto.
➜ Túmulo, Múmia

*No Antigo Egito, as **pirâmides** serviam para enterrar reis, os faraós.*

PIRANHA *substantivo feminino*
Nome dado a várias espécies de peixes carnívoros, ferozes, que vivem em rios e que têm dentes afiados. Existem cerca de 15 espécies de piranha no Brasil.

PIRATA *substantivo masculino e feminino*
Bandido que navega pelos mares em navios para atacar e roubar outros navios.

223

poder — população

PODER *verbo*
Ser capaz de fazer alguma coisa ou ter permissão para fazer alguma coisa.
→ Ter autoridade para fazer alguma coisa.

POEMA *substantivo masculino*
Obra de poesia em verso.
→ Verso, poesia

POESIA *substantivo feminino*
Arte de escrever versos.
→ Composição em versos que expressa ideias, sentimentos e impressões do poeta. Geralmente usa muitas imagens.
→ Verso, prosa, poema

POLUIÇÃO *substantivo feminino*
Estrago ou destruição do ambiente que geralmente é feito com sujeira, despejando substâncias nocivas.
P. 20

POMBA *substantivo feminino*
Ave pequena que anda em bandos, comum nas cidades.
→ Ave

PONTE *substantivo feminino*
Construção que liga dois pontos separados por um rio, um lago, o mar, um vale.

PONTUAÇÃO *substantivo feminino*
O uso de sinais gráficos em um texto, como ponto (**.**), vírgula (**,**), dois-pontos (**:**), ponto de interrogação (**?**), ponto de exclamação (**!**), reticências (**...**), parênteses **( )**, aspas (**" "**) e travessão (**—**).

PONTUAL *adjetivo*
Que realiza as coisas no tempo combinado.
→ Que chega no horário combinado.

POPULAÇÃO *substantivo feminino*
Conjunto de habitantes de uma cidade, um estado, uma região, um país.
→ O número desses habitantes.

pôr povo

PÔR *verbo*
Colocar algo em algum lugar.
 Vestir roupa.
Dar nome a alguém ou a alguma coisa.

PORCO *substantivo masculino*
Mamífero com cascos, criado como animal doméstico. Fornece carne, banha, couro.

Mamífero

PORTÁTIL *adjetivo*
Que é fácil de carregar ou transportar.

PORTO *substantivo masculino*
Lugar onde os navios lançam a âncora, se abastecem, embarcam e desembarcam passageiros e mercadorias.

POSSIBILIDADE *substantivo feminino*
Estado daquilo que pode acontecer, que é possível.

POSSUIR *verbo*
Ter.
 Ser dono de alguma coisa.

POTÁVEL *adjetivo*
Que se pode beber.
Que é bom para se beber.

POUCO *substantivo masculino*
Pequena quantidade.

POUPANÇA *substantivo feminino*
Ato de fazer economia.
Conta no banco onde se guarda dinheiro.
Economizar, banco

POVO *substantivo masculino*
Conjunto de pessoas que têm os mesmos costumes e as mesmas tradições, a mesma história e que falam a mesma língua.
Conjunto dos habitantes de uma região ou de um país.
População

P. 72

225

PRAÇA *substantivo feminino*
Lugar público aberto, onde pode haver árvores, plantas, bancos.

PRAIA *substantivo feminino*
Faixa de terra, em geral coberta de areia, que faz limite com o mar. Litoral.
➤ Costa

PRATA *substantivo feminino*
Metal brilhante e precioso, de cor clara, usado na fabricação de joias, moedas e outros objetos.
➤ Metal

PRAZER *substantivo masculino*
Emoção ou sensação gostosa, que tem relação com satisfazer alguma necessidade ou com sentir muita alegria.

PRECIOSO *adjetivo*
Que tem grande valor; valioso.

PRECISAR *verbo*
Ter carência, necessidade de alguma coisa; sentir falta de alguma coisa.
➤ Necessidade

PREÇO *substantivo masculino*
Valor em dinheiro de uma mercadoria que se vende ou de um trabalho que se realiza.

PRECONCEITO *substantivo masculino*
Qualquer opinião, ideia ou sentimento que se tem antes mesmo de se pensar no assunto.
➤ Opinião, ideia ou sentimento negativos que se tem sobre um assunto ou uma pessoa, sem ter motivo.
➤ Ódio e antipatia que se sente por pessoas de outra raça, de outra cor, de outro sexo, de outro país, de outra classe social.

226

prefeitura pressa

PREFEITURA *substantivo feminino*
Prédio do governo das cidades, onde trabalha o prefeito.

P. 74

PREFERIR *verbo*
Escolher alguém ou alguma coisa entre outras pessoas ou coisas.
➡ Gostar mais de uma pessoa ou de uma coisa do que de outra, ou de outras.

PREGUIÇA *substantivo feminino*
Moleza. Não ter vontade de fazer nada.
➡ Mamífero peludo com quatro patas longas que terminam em garras curvas. Fica pendurado nos galhos e move-se muito devagar.

PRÊMIO *substantivo masculino*
Recompensa que se recebe por ter realizado um trabalho.
➡ Dinheiro ou objeto que se dá aos ganhadores de competições ou de sorteios.

PRESENTE *substantivo masculino*
Algo que se dá ou se recebe como um agrado, um mimo.
➡ Momento que está se vivendo agora; momento entre o passado e o futuro.
➡ *adj.* Que está no local onde algo está acontecendo.
➡ Tempo

PRESERVAR *verbo*
Não destruir, cuidar.
➡ Defender dos perigos, das ameaças.
➡ Conservar, proteger

P. 20

PRESIDENTE *substantivo masc. e fem.*
Pessoa que governa um país, uma empresa, um banco, um clube.

P. 72

PRESSA *substantivo feminino*
Falta de paciência para chegar a algum lugar ou conseguir alguma coisa. Afobação.

227

príncipe   produzir

PRÍNCIPE *substantivo masculino*
Filho de reis.

Com o beijo da princesa, o sapo transformou-se num belo **príncipe**.
O Príncipe sapo, conto de tradição popular.

PRINCÍPIO *substantivo masculino*
Origem, início.

PRISÃO *substantivo feminino*
Ato de prender.
➡️⭐ Edifício onde ficam os prisioneiros. Cadeia.

PROBLEMA *substantivo masculino*
Algo difícil de se resolver.
➡️⭐ Questão matemática em que se tenta calcular uma (ou muitas) quantidades desconhecidas.

PRODUTO *substantivo masculino*
Aquilo que é produzido; resultado.
➡️⭐ Aquilo que é produzido para se vender.
➡️ Mercado, matéria-prima

PRODUZIR *verbo*
Dar existência a alguma coisa.
➡️⭐ Criar objetos e produtos úteis para o homem. Fabricar.
➡️⭐ Criar, fazer obras de arte.

P. 270

professor | prova

PROFESSOR *substantivo masculino*
Aquele que ensina uma ciência, uma arte, uma profissão, um assunto.
 Ensinar

PROFISSÃO *substantivo feminino*
Trabalho que uma pessoa faz para ganhar a vida. Ela pode ou não ter se preparado especialmente para isso, com estudos.

PROFUNDO *adjetivo*
Muito fundo.

PROIBIR *verbo*
Não permitir alguma coisa.

PROMETER *verbo*
Garantir que se vai fazer alguma coisa. Fazer uma promessa.

PROPAGANDA *substantivo feminino*
Anúncio de produtos, de serviços ou de ideias para um número de pessoas. Em geral é feito em jornais, revistas, televisão.
 Anúncio

PROPRIEDADE *substantivo feminino*
Tudo aquilo que se possui com exclusividade. Geralmente é algo material.
 Porção de terra, prédio ou casa que tem dono.
 Possuir

PRÓPRIO *adjetivo*
Que pertence somente a alguém e a mais ninguém.

PROSA *substantivo feminino*
O que se diz ou escreve sem ser em verso.
 Verso

PROTEGER *verbo*
Cobrir ou esconder alguma coisa para deixá-la longe do perigo. Tomar conta.
 Preservar, conservar

PROVA *substantivo feminino*
Teste ou exame para checar os conhecimentos de alguém, geralmente um aluno ou um candidato a algum cargo.
 Fato ou objeto que mostra que algo é verdadeiro ou que aconteceu mesmo.
Exame

próximo　　　　　　　　　　　　　　puxar

PRÓXIMO *adjetivo*
Que está perto.
⟶ ⭐ Que falta pouco para acontecer.
⟶ ⭐ A pessoa seguinte (em geral, numa fila).

PÚBLICO *adjetivo*
Que pertence ao povo, a todos.
⟶ ⭐ Que pertence ao governo de uma cidade, um estado, um país.
⟶ ⭐ *substantivo masculino*
Grupo de pessoas que assistem a um espetáculo, a uma partida de esporte.

P. 72

PULGA *substantivo feminino*
Inseto pequeno que pica e suga o sangue do homem e de outros animais. Pode transmitir doenças.
⟶ Inseto

PURO *adjetivo*
Que não tem mistura.
⟶ ⭐ Algo que é limpo.
⟶ ⭐ Bondoso, honesto, sincero.

PUXAR *verbo*
Arrastar ou mover alguma coisa para perto de si, ou atrás de si.
⟶ ⭐ Arrancar com força.

230

Q *substantivo masculino*
Décima sétima letra do nosso alfabeto.

QUADRA *substantivo feminino*
Área em forma de retângulo usada para praticar alguns esportes.
 Distância que vai de uma esquina a outra, no mesmo lado da rua.

QUADRADO *substantivo masculino*
Figura geométrica com quatro lados iguais.
Figura

QUADRO *substantivo masculino*
Trabalho de pintura, em geral numa tela.
Qualquer trabalho (pintura, desenho, fotografia) colocado numa moldura.
Lousa, quadro-negro.

QUADRÚPEDE *adjetivo*
Que anda sobre quatro patas.
 Bípede

231

QUALIDADE *substantivo feminino*
Modo de ser, natureza de uma pessoa ou coisa.
→ ⭐ Ser superior, ser melhor, numa comparação com outras coisas.
→ Característica

QUANTIDADE *substantivo feminino*
Número de coisas ou de pessoas que podem ser contadas.

QUARTEL *substantivo masculino*
Edifício que serve de abrigo para os soldados.

QUARTO *substantivo masculino*
Cômodo de uma casa, geralmente usado para dormir.

P. 64

QUATI *substantivo masculino*
Mamífero carnívoro de focinho longo e cauda peluda que vive na América do Sul.
→ Mamífero

QUEBRAR *verbo*
Ficar em pedaços, por causa de uma pancada ou queda. Partir. Despedaçar.
→ ⭐ Ter fim, acabar.

Quebrou-se o encantamento e reapareceu a figura humana.
A mula sem cabeça, lenda do folclore brasileiro.

queda · querer

QUEDA *substantivo feminino*
Ato ou resultado de cair. Caída. Tombo.
➜⭐ Grande quantidade de água que cai: queda d'água, cascata.

QUEIMAR *verbo*
Pôr fogo, incendiar. Destruir pelo fogo.
➜⭐ Sofrer ou produzir queimaduras.
➜⭐ Bronzear a pele.
➜ Incendiar

QUEIJO *substantivo masculino*
Alimento feito com a nata do leite de vaca, de cabra ou de búfala. Pode ser duro, macio ou cremoso.
➜ Nata

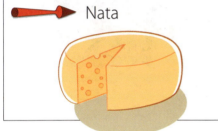

QUEIXA *substantivo feminino*
Expressão de dor, de mágoa, de aborrecimento.
➜⭐ Reclamação.
➜ Reclamar

QUENTE *adjetivo*
Que transmite calor.
➜⭐ Que tenha calor.

QUERER *verbo*
Ter vontade. Desejar.
➜⭐ Mandar, ordenar.
➜⭐ Gostar de alguém ou de alguma coisa. Amar.
➜ Desejo

*Mostre o dedo, **quero** ver se já está gordinho.*
João e Maria, conto de tradição popular.

233

questão

QUESTÃO *substantivo feminino*
Pergunta.
➡⭐ Assunto.

QUESTIONAR *verbo*
Perguntar.
➡⭐ Pôr alguma coisa em dúvida. Discutir.

QUIABO *substantivo masculino*
Fruto do quiabeiro. É verde, comprido e de casca fina e verde.
➡ Alimento

QUIETO *adjetivo*
Que não se mexe, imóvel.
➡⭐ Tranquilo, calmo.

QUILÔMETRO *substantivo masculino*
Unidade de medida de comprimento, usada para medir grandes distâncias.
➡ Metro

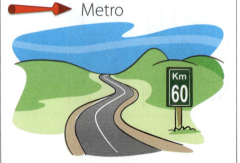

quitanda

QUINTAL *substantivo masculino*
Pequena área nos fundos de uma casa que pode ter jardim, horta.

*Depois, vai para o **quintal**, arranca as hortaliças, espalha a farinha do monjolo e maltrata as galinhas.*
Saci-pererê, lenda do folclore brasileiro.

QUITANDA *substantivo feminino*
Pequena loja onde se vendem frutas, verduras, ovos.

P. 74

234

R *substantivo masculino*
Décima oitava letra do nosso alfabeto.

RÃ *substantivo feminino*
Anfíbio com pernas compridas, parecido com o sapo, que vive perto da água doce. Algumas espécies são usadas na alimentação. Também chamado de perereca.
 Sapo

RÁDIO *substantivo masculino*
Aparelho que recebe os programas transmitidos pelas estações de rádio.

RAINHA *substantivo feminino*
Governante de um reino, soberana.
 Mulher de um rei.

RAIO *substantivo masculino*
Descarga de eletricidade, entre uma nuvem e o solo da Terra, que produz luz (o relâmpago) e barulho (o trovão).
 Qualquer linha de luz.
 Eletricidade, luz

*E a lua iluminava a Terra com seus **raios** prateados.*

235

RAIVA *substantivo feminino*
Sentimento de irritação ou de ódio por alguém ou alguma coisa.
◆ Doença que ataca o cão e outros mamíferos e é transmitida para o homem, através de mordidas.

RAIZ *substantivo feminino*
Parte da planta que entra pela terra para puxar água e alimentos.

RÁPIDO *adjetivo*
Que se move com muita velocidade. Ligeiro.
◆ Que dura pouco tempo.

RAPOSA *substantivo feminino*
Mamífero carnívoro, da família do cachorro, de focinho pontudo, orelhas grandes e cauda peluda, comprida.
▶ Cachorro

RARO *adjetivo*
Que acontece poucas vezes, ou que se vê pouco. Que não é comum.

RASCUNHO *substantivo masculino*
Texto com rasuras, que ainda vai ser passado a limpo.
▶ Rasura

RASO *adjetivo*
Que tem pouca profundidade. Que não é fundo.

RASURA *substantivo feminino*
Risco feito em cima de frases e palavras num texto, para corrigir ou trocar essas palavras ou frases.
▶ Rascunho

RATO *substantivo masculino*
Mamífero roedor que vive nas cidades e nas matas. Pode transmitir doenças.
▶ Roedor

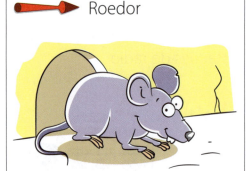

236

razão   reclamar

RAZÃO *substantivo feminino*
Capacidade que tem o ser humano de pensar, aprender, imaginar, julgar. Inteligência.
➡️ Motivo.
➡️ Inteligência

REAL *adjetivo*
Que pertence ao rei, ou que tem relação com a realeza.
➡️ Que existe mesmo. Verdadeiro.
➡️ Moeda do Brasil.

REALIDADE *substantivo feminino*
Aquilo que existe mesmo, que é de verdade, que não é sonho ou fantasia.
➡️ Verdade

REALIZAR *verbo*
Fazer alguma coisa.
➡️ Transformar uma ideia, um plano, um sonho ou uma vontade em realidade.
➡️ Acontecer.

REBANHO *substantivo masculino*
Bando de animais da mesma espécie, em geral com quatro patas, criados pelo homem para produzir lã, leite, carne, couro.
➡️ Gado

RECEITA *substantivo feminino*
Informação sobre como se prepara uma comida.
➡️ Papel em que o médico escreve qual o remédio que o doente deve tomar.

RECICLAR *verbo*
Usar material que já foi usado para transformá-lo em material novo. Fazer reciclagem; reutilizar; reaproveitar.
➡️ Lixo

RECIPIENTE *substantivo masculino*
Objeto que pode conter algo.

RECLAMAR *verbo*
Fazer uma reclamação, não concordar com alguma coisa.
➡️ Exigir alguma coisa.
➡️ Queixa

237

RECOMPENSA *substantivo feminino*

Ato de dar dinheiro ou algum objeto a uma pessoa por ela ter feito um bom trabalho ou uma boa ação. Prêmio.

*O Curupira agradeceu ao caçador por tê-lo desencantado e, como **recompensa**, deu-lhe uma flecha mágica.*
Curupira, lenda do folclore brasileiro.

RECONHECER *verbo*
Perceber que alguma coisa ou pessoa é ela mesma, por causa de alguma característica. ➡ Aceitar que algo é verdade.

RECURSO *substantivo masculino*
Aquilo que se usa para fazer ou produzir algo.
➡ Produzir

RECUSAR *verbo*
Não aceitar alguma coisa. Dizer não.
➡ Negar

REDAÇÃO *substantivo feminino*
Ato ou resultado de escrever. ➡ Trabalho de escola em que o aluno tem de escrever sobre algum assunto. Também chamado de composição.
➡ Composição

REDE *substantivo feminino*
Retângulo de tecido que fica pendurado de dois lados e é usado para dormir ou embalar. ➡ Equipamento que, no esporte, serve para indicar onde a bola deve passar.

redondo — rei

REDONDO *adjetivo*
Que tem forma parecida com a da esfera ou com a do círculo.

REFLETIR *verbo*
Reproduzir a imagem ou a luz de alguma coisa. Espelhar.
⭐ Pensar com cuidado sobre algum assunto.

REGAR *verbo*
Molhar as plantas. Aguar.

REGIÃO *substantivo feminino*
Grande quantidade de terra que se espalha por muitos quilômetros.
⭐ Grande quantidade de terra que se espalha por muitos quilômetros e que possui clima, vegetação, relevo ou atividades econômicas diferentes de outros locais.

P. 20

REGRA *substantivo feminino*
Aquilo que indica os costumes, as ações e os comportamentos desejados. Geralmente está escrito na lei. Norma.
⭐ Aquilo que indica como se deve escrever, jogar, brincar. Regulamento.

REGULAR *adjetivo*
Algo que não é bom nem mau. Razoável.
⭐ Algo que é médio: não é nem uma coisa, nem outra.
⭐ Algo que se repete a espaços de tempo iguais (de mês em mês, de semana em semana, de dia em dia).

REI *substantivo masculino*
Governante de um reino; soberano.

*Era uma vez um **rei** e uma rainha, sempre tão aborrecidos de não terem filhos que até dava dó.*
A Bela Adormecida, conto de tradição popular.

239

relação   relógio

RELAÇÃO *substantivo feminino*

Lista de nomes de pessoas ou de coisas.

➡⭐ Ligação que se pode ver ou fazer entre fatos ou coisas.

➡⭐ Ligação que existe entre pessoas.

➡ Ligação

RELEVO *substantivo masculino*

Conjunto de depressões e elevações da superfície da Terra, como montanhas, vales, planaltos.

➡ Terra

P. 20

RELIGIÃO *substantivo feminino*

Culto que se faz a um deus que, segundo se acredita, criou ou governa o Universo. Esse culto se faz com preces e ritos sagrados.

RELÓGIO *substantivo masculino*

Aparelho que mede o tempo. Marca as horas, os minutos e os segundos.

➡ Tempo

*Que **relógio** esquisito! Marca dias em vez de horas!*
Alice no País das Maravilhas, Lewis Carroll.

240

remédio representar

REMÉDIO *substantivo masculino*
Substância que se usa para curar uma doença ou para tirar a dor.

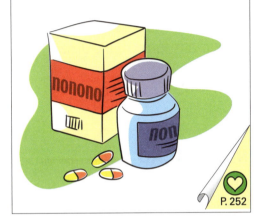

REPETIR *verbo*
Fazer, dizer ou usar alguma coisa mais de uma vez, ou muitas vezes.
→ Cursar outra vez a mesma série na escola.

REPORTAGEM *substantivo feminino*
Ato de pesquisar algum assunto para depois transmitir a notícia por rádio, jornal, revista, televisão, Internet.

REPRESA *substantivo feminino*
Barreira para conter a água corrente. Açude, dique, barragem.
→ Açude

REPRESENTAR *verbo*
Ser a imagem ou o símbolo de alguma coisa.
→ Significar, querer dizer.
→ Interpretar um personagem.

REPRESENTAÇÃO *subst. feminino*
Ato ou resultado de representar.
→ Ideia ou imagem que fazemos do mundo ou de alguma coisa. Essa ideia ou imagem pode virar obras de arte: quadros, desenhos, esculturas, filmes, livros, fotografias.

*Isso não é um cachimbo! É a **representação** de um cachimbo!*

REPRESENTAR *verbo*
Ser a imagem ou o símbolo de alguma coisa.
→ Significar, querer dizer.
→ Interpretar um personagem.

REPRODUZIR *verbo*
Copiar.
▶ Dar cria, procriar.
▶ Imprimir

RÉPTIL *substantivo masculino*
Animal vertebrado que se arrasta pelo chão. Pode ter quatro pernas ou nenhuma. Tem a pele seca protegida por escamas (como as cobras e lagartos), por placas (como nos jacarés e crocodilos), ou por casco duro (como nas tartarugas e jabutis).
▶ Animal

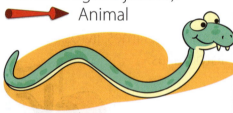

REPÚBLICA *substantivo feminino*
Forma de governo em que o povo escolhe o presidente e outros governantes através do voto. Eles então vão governar o país por um tempo determinado, normalmente quatro anos.
P. 72

RESOLVER *verbo*
Achar ou dar solução para algum problema.
▶ Decidir.

RESPEITAR *verbo*
Tratar alguém com respeito. Aceitar alguém e as suas opiniões, mesmo não concordando com elas.
▶ Não causar nenhum mal a alguém ou alguma coisa.
▶ Obedecer, cumprir.

RESPIRAÇÃO *substantivo feminino*
Troca de ar entre os seres vivos e a atmosfera, quando se absorve oxigênio e solta-se gás carbônico.
P. 84

RESPONSÁVEL *adjetivo*
Quem toma conta de si mesmo e de seus problemas, ou quem toma conta dos outros e de seus problemas.

RESPOSTA *substantivo feminino*
Palavra ou ação que se usa para responder a uma pergunta ou a um pedido.
▶ Carta, telegrama, *e-mail* que escrevemos e enviamos quando recebemos carta, telegrama, *e-mail* de alguém.

RESTO *substantivo masculino*
Aquilo que sobra. Sobras.
→ ⭐ Resultado de uma subtração.

RESUMIR *verbo*
Dizer ou escrever algo com poucas palavras.

RETA *substantivo feminino*
Linha infinita que tem sempre a mesma direção.
→ ⭐ Trecho de estrada ou rua que é reto.

RETO *adjetivo*
Que segue na mesma direção. Que não tem curva. Direto.

RETRATO *substantivo masculino*
Representação da imagem de uma pessoa feita em pintura, desenho, escultura ou fotografia.
→ ⭐ Descrição de alguém, de alguma coisa ou de um lugar.
→ ▶ Fotografia

REUNIÃO *substantivo feminino*
Ato de juntar duas ou mais pessoas para conversar, trabalhar, se divertir.

REVISTA *substantivo feminino*
Obra publicada de forma regular que traz fotos e reportagens sobre diversos assuntos.

REVOLUÇÃO *substantivo feminino*
Mudança completa no dia a dia, nos costumes, nas artes ou nas ciências.
→ ⭐ Movimento em que o povo procura tomar o governo de um país, em geral usando armas.

RICO *adjetivo*
Que tem muito dinheiro ou muitas coisas valiosas.
→ ⭐ Que contém alguma coisa em muita quantidade.
→ ⭐ Que produz muito. Fértil.

RIMA *substantivo feminino*
Sons que se repetem no final de palavras ou nos versos. É um processo muito usado na poesia.
→ ▶ Verso

rio · ritmo

RIO *substantivo masculino*

Massa de água doce que corre para se juntar com as águas de outros rios ou deságua em um lago ou no mar.

*Para os índios da Amazônia, o Uauiara é o deus dos **rios** e o protetor dos peixes.*
Uauiara, lenda do folclore brasileiro.

P. 20

RIR *verbo*

Mexer os músculos do rosto e da boca, por achar graça em alguma coisa ou por estar alegre.
➔ Zombar de algo ou alguém.
➔ Graça, sorrir

RISCO *substantivo masculino*

Qualquer traço na superfície de um objeto.
➔ Perigo ou possibilidade de acontecer algo errado.

RITMO *substantivo masculino*

Batida ou som que se repete no tempo de forma regular, para marcar o tempo da música. Balanço.
➔ Movimento regular de qualquer coisa.

P. 198

robô   roedor

ROBÔ *substantivo masculino*
Máquina que tem a forma de um boneco, capaz de se movimentar e de fazer coisas.

⭐ Máquina controlada por computadores. Muitas vezes realiza um trabalho automático, ou trabalhos perigosos e difíceis.
 Automático

ROÇA *substantivo feminino*
Terreno de lavoura.
 Lavoura

ROCHA *substantivo feminino*
Massa de pedra muito dura.

RODA *substantivo feminino*
Tudo o que tem forma redonda.
➤ Redondo

RODOVIA *substantivo feminino*
Estrada para veículos que se movem sobre rodas: carro, caminhão, ônibus.
 Ferrovia

RODOVIÁRIA *substantivo feminino*
Estação de ônibus onde passageiros que viajam para outras cidades embarcam e desembarcam.
 Ônibus

P. 74

ROEDOR *adjetivo*
Que rói.
⭐ Mamífero cujos dois dentes da frente não param de crescer. Para gastar os dentes, não param de roer coisas. Ratos, lebres e esquilos são roedores.
 Mamífero

RONCAR *verbo*
Respirar com muito barulho enquanto dorme.

ROSA *substantivo feminino*
Flor da roseira, que pode ter várias cores: rosa, amarela, vermelha, branca.
⟶ ★ Cor de rosa.
⟶ Flor, Cor

ROSTO *substantivo masculino*
Parte da cabeça onde ficam os olhos, o nariz e a boca. Face, cara.

P. 84

ROUBAR *verbo*
Tomar ou levar embora alguma coisa que não é sua.
⟶ Ladrão

ROUPA *substantivo feminino*
Qualquer peça usada para se vestir.
⟶ Vestuário, moda

*Cinderela tinha que fazer fogo, cozinhar, lavar **roupa** e cuidar de todos os serviços da casa.*
A Gata Borralheira ou Cinderela, conto de tradição popular.

246

RUA *substantivo feminino*
Caminho público nas cidades. A seu lado há calçadas para os pedestres, casas, edifícios, árvores, muros. O meio da rua, por onde passam os veículos, é geralmente asfaltado ou coberto de terra batida.
P. 72

RUBI *substantivo masculino*
Pedra preciosa de cor vermelha, usada em joias.

RUGA *substantivo feminino*
Dobra na pele ou em qualquer outra superfície.

RUÍDO *substantivo masculino*
Qualquer tipo de barulho ou de som.
 Barulho, Som

RUIM *adjetivo*
Mau, malvado.
 Algo que não funciona. Algo que está estragado ou que não serve.
Algo nocivo.
Bom

RUÍNA *substantivo feminino*
Restos de um edifício que desmoronou ou que foi destruído pelo tempo, ou por outra causa qualquer.

RUMINANTE *substantivo masc. e fem.*
Mamífero que mastiga o alimento, engole e depois o traz de volta à boca para mastigar de novo.
Mamífero, camelo, boi

RURAL *adjetivo*
Que é próprio do campo ou que tem relação com o campo. Agrícola.
 Urbano

247

S *substantivo masculino*
Décima nona letra do nosso alfabeto.

SABER *verbo*
Ter conhecimento, notícia ou informação.
⭐ Ser capaz de realizar alguma atividade.
➡ Conhecer

SABIÁ *substantivo masc. e fem.*
Pássaro comum no Brasil, apreciado por causa de seu canto. Vive em parques, quintais e nos centros das cidades grandes.
➡ Pássaro

SABOR *substantivo masculino*
Gosto. Sensação que algumas substâncias provocam nos órgãos do paladar.
➡ Paladar, sentido

SABUGO *substantivo masculino*
Espiga do milho sem os grãos.
➡ Milho

saci	sal

SACI *substantivo masculino*
Personagem do folclore brasileiro. Menino negro, com uma perna só, que usa gorro vermelho, fuma cachimbo e se diverte arrumando confusão. Saci-pererê.
 Folclore

O saci-pererê é um molequinho perneta, preto e lustroso como piche, de olhos vivos cor de sangue, barrigudinho.
Saci-pererê, lenda do folclore brasileiro. P. 136

SAÍDA *substantivo feminino*
Ação de sair.
➤ Lugar por onde se sai, por onde se pode escapar.
➤ Modo que se encontra para escapar de uma dificuldade.

SAIR *verbo*
Passar de dentro para fora. Ir embora.
➤ Partir

SAL *substantivo masculino*
Pó branco encontrado na terra e no mar e usado para temperar comidas, conservar carnes.

A água do mar é a principal fonte de **sal**.

249

salário sangue

SALÁRIO *substantivo masculino*
Dinheiro ganho por um trabalhador em troca de seu trabalho, geralmente a cada mês ou a cada semana.
➡ Trabalho
P. 270

SALTAR *verbo*
Erguer o corpo do chão; pular, dar saltos.

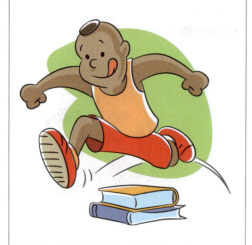

SALVAR *verbo*
Livrar alguém ou algo (ou a si mesmo) de um perigo ou ameaça.
➡ Proteger

SAMBA *substantivo masculino*
Música e dança brasileiras. O samba foi levado para o Rio de Janeiro pelos escravos da Bahia e de lá se espalhou por todo o Brasil.

P. 198

SANGUE *substantivo masculino*
Líquido vermelho que corre no corpo dos seres humanos e de vários animais. Ajuda a manter a temperatura e distribui oxigênio e substâncias nutritivas para todas as partes do corpo.
P. 84

sapo   saudade

SAPO *substantivo masculino*

Animal anfíbio de pele escura e áspera, parecido com a rã. Sua língua comprida ajuda-o a apanhar insetos. Por isso, é muito útil nas lavouras e jardins.

▶ Anfíbio

*Não, não é gigante nenhum, mas sim um **sapo** horrendo.*
O Príncipe sapo, conto de tradição popular.

SARAR *verbo*

Ficar bom de alguma doença. Recuperar a saúde. Curar-se.
★ Fechar uma ferida. Cicatrizar.
▶ Machucado P. 252

SATÉLITE *substantivo masculino*

Corpo celeste que gira em torno de um planeta.
★ Aparelho colocado no espaço pelo homem para girar em torno da Terra. Geralmente leva equipamentos para ajudar na pesquisa científica ou na transmissão de comunicações.
▶ Espaço, lua, transmitir

SATISFEITO *adjetivo*

Alegre, contente.
★ Que comeu e bebeu até não querer mais nada.

SAUDADE *substantivo feminino*

Sentimento de falta de pessoas, lugares ou experiências que estão longe, no tempo ou no espaço.

251

saúde

SAÚDE *substantivo feminino*
Estado de quem é saudável, de quem se sente bem.

A alimentação é a base para uma boa saúde. Cereais, carnes, legumes, vegetais, frutas, sucos e leite compõem uma alimentação saudável.

A higiene pessoal é fundamental para nossa saúde.

saúde

Brincar e praticar esportes nos ajudam a ter boa saúde.

As campanhas de vacinação são importantes iniciativas da saúde pública.

Cuidados pessoais em casa e na rua também são importantes.
Evite brincar em lugares poluídos e perto de esgotos.

253

SECAR *verbo*
Tirar a água de algo ou alguém.

SÉCULO *substantivo masculino*
Período de 100 anos.
 Tempo

SEDE *substantivo feminino*
Necessidade ou vontade de beber água ou outro líquido.

SEGREDO *substantivo masculino*
Aquilo que ninguém pode saber. Aquilo que é secreto.

SEGUNDO *substantivo masculino*
Medida de tempo.
Cada uma das partes do minuto, que está dividido em 60 partes iguais.
numeral Aquele que vem logo depois do primeiro em uma classificação, em uma fila.
Tempo, minuto

SEGURANÇA *substantivo feminino*
Estado de alguém ou alguma coisa que está longe de perigos e de risco, longe de todo mal.
Pessoa contratada para proteger pessoas ou lugares.

SELO *substantivo masculino*
Pequeno pedaço de papel que se cola em cartas ou pacotes quando eles são enviados pelo correio. O selo indica quanto custou para enviar o objeto.
 Correio

SELVAGEM *adjetivo*
Que não é domesticado. Bravo.
Que nasce e cresce sem o cuidado do homem.
Doméstico

SEMANA *substantivo feminino*
Período de sete dias que começa no domingo e acaba no sábado.
 Calendário

SEMELHANTE *adjetivo*
Parecido.
Parecer

semente   seringueira

SEMENTE *substantivo feminino*
Parte da planta que ao ser plantada dá origem a nova planta. Em geral, fica dentro do fruto.
→ Fruto

SENTIDO *substantivo masculino*
Capacidade de receber e perceber sensações do ambiente. No homem, eles são cinco: visão, audição, tato, olfato e paladar.
→ ⭐ Significado de alguma coisa.
→ ⭐ Direção, orientação.

SENTIR *verbo*
Perceber por meio de qualquer um dos sentidos.
→ ⭐ Ter ou experimentar um sentimento, uma emoção.

SEPARAR *verbo*
Afastar um (ou uns) do outro (ou dos outros). Apartar.

SER *substantivo masculino*
Tudo que tem vida, real ou criada pela imaginação.
→ ⭐ *verbo* Ter uma determinada qualidade ou característica.
→ ⭐ Estar, ficar, tornar-se.

SEREIA *substantivo feminino*
Ser imaginário: mulher que tem corpo de peixe da cintura para baixo. Seu canto é mágico e atrai pescadores e navegantes para o fundo do mar.

P. 136

SÉRIE *substantivo feminino*
Classe, ano escolar.
→ ⭐ Coisas ou fatos semelhantes que vêm um depois do outro, em sequência.
→ ⭐ Grupo de coisas parecidas que formam um conjunto.

SERINGUEIRA *substantivo feminino*
Árvore que produz o látex, leite grosso usado para fazer a borracha. Também chamada de árvore-da-borracha.
→ Borracha

255

SERPENTE *substantivo feminino*
Cobra.

*Geralmente, o boitatá aparece sob a forma de uma enorme **serpente** com os olhos brilhantes, como dois faróis acesos.*
Boitatá, lenda do folclore brasileiro.

SERTÃO *substantivo masculino*
Região do interior, longe das cidades grandes.
→ Região do Nordeste, mais seca do que a caatinga.
→ Caatinga

SERVIÇO *substantivo masculino*
Ato de servir.
Trabalho.
→ Trabalhar

SERVIR *verbo*
Ser útil a alguém ou a alguma coisa.

SEXO *substantivo masculino*
Conjunto de características físicas que servem para dizer se um animal é macho ou fêmea.
→ Órgãos sexuais que ficam do lado externo do corpo.
→ Reproduzir

SIGNIFICAR *verbo*
Querer dizer; ter o sentido de.

SILÊNCIO *substantivo masculino*
Estado de quem não está falando.
→ Falta de barulho ou ruído.

SÍMBOLO *substantivo masculino*
Imagem, sinal ou objeto usado para representar ou substituir alguma outra coisa.

*As bandeiras são o **símbolo** de cada país.*

SIMPÁTICO *adjetivo*
Que é agradável, que mostra simpatia.

SIMPLES *adjetivo*
Que não é complicado. Que é fácil de resolver, compreender ou usar.

SINAL *substantivo masculino*
Imagem, gesto, ruído ou luz que serve para avisar ou informar alguma coisa.
→ Mancha na pele: marca, pinta.

SINÔNIMO *substantivo masculino*
Palavra que tem mais ou menos o mesmo significado de outra; quer dizer mais ou menos a mesma coisa.

SÍTIO *substantivo masculino*
Propriedade rural pequena.
 Fazenda

*E os quatro tocaram para o **sítio** onde havia luz.*
Os Músicos de Bremen, dos irmãos Grimm.

257

SÓ *adjetivo*
Que está sem companhia. Sozinho.

SOCIEDADE *substantivo feminino*
Grupo de seres que vivem juntos e se ajudam uns aos outros.
 Conjunto de pessoas que vivem no mesmo espaço e na mesma época, seguindo as mesmas regras.

SOCORRO *substantivo masculino*
Atendimento ou ajuda que se dá a uma pessoa acidentada, ferida ou em perigo.
 Salvar

SOFRER *verbo*
Sentir dor.

SOJA *substantivo feminino*
Semente oleosa da planta da soja, nativa da China e do Japão, muito usada na alimentação.
 Cereal

SOL *substantivo masculino*
Estrela que faz parte da Via-Láctea e é o centro do sistema solar. Em torno dela, giram a Terra e os outros planetas.
 Estrela

SÓLIDO *adjetivo*
Algo que possui forma própria, que não é líquido nem gasoso.
 Algo que não é oco, nem vazio.

SOLUÇÃO *substantivo feminino*
Forma de resolver uma dificuldade, um problema.
 Resultado de um problema ou de uma questão num exercício ou num teste.

som   sorrir

SOM *substantivo masculino*
Tudo que podemos perceber pelo ouvido. Ruído, barulho.
➔ Ruído, barulho

SOMAR *verbo*
Adicionar números ou quantidades para achar um resultado, a soma.
➔ ⭐ Juntar, reunir.

SOMBRA *substantivo feminino*
Espaço onde existe pouca luz porque há alguma coisa na sua frente.
➔ Luz

SONHO *substantivo masculino*
Desejo ou vontade forte.
➔ ⭐ Imagens ou visões que acontecem durante o sono, quando se está dormindo.
➔ ⭐ Doce fofo que pode ser recheado com creme, doce de leite, goiabada.

SONO *substantivo masculino*
A situação em que estamos quando dormimos.
➔ ⭐ Vontade de dormir.

SOPRO *substantivo masculino*
Vento produzido quando se solta o ar pela boca.
➔ ⭐ Agitação do ar. Brisa, vento.

SORRIR *verbo*
Rir de leve, sem fazer ruído.

259

SORTE *substantivo feminino*
Destino, bom ou mau.
➡⭐ Característica de quem sempre consegue o que quer: boa estrela.

SORVETE *substantivo masculino*
Doce gelado e cremoso. Pode ser feito de suco de frutas, leite, chocolate.
➡ Doce

SUAR *verbo*
Soltar gotas de líquido pela pele. Transpirar.
➡⭐ Fazer muito esforço para conseguir alguma coisa.

P. 84

SUBMARINO *adjetivo*
Que vive ou está debaixo das águas do mar.
➡⭐ Navio de guerra totalmente fechado, capaz de andar embaixo da água.

SUBSTÂNCIA *substantivo feminino*
A matéria que forma um corpo, que possui características próprias.

SUBTERRÂNEO *adjetivo*
Que está embaixo da terra.

SUBTRAIR *verbo*
Tirar um número de outro. Realizar a operação da subtração.
➡⭐ Tirar alguma coisa de outra.

P. 186

sucata   susto

SUCATA *substantivo feminino*
Qualquer objeto de metal barato, velho, principalmente de ferro, que é derretido para ser usado de novo. Ferro-velho.
 Reciclar

SUJO *adjetivo*
Imundo, cheio de manchas de sujeira.

SUMIR *verbo*
Desaparecer, esconder-se.
 Fugir.

SUPERFÍCIE *substantivo feminino*
A parte exterior dos corpos, a parte que se vê.
⭐ A área de um terreno.
⭐ A parte de uma massa de água que fica em contato com o ar.

SUPERIOR *adjetivo*
Aquilo que está acima de outro.
⭐ Aquilo que, numa comparação, tem mais qualidade, tamanho, valor do que outro.

SURGIR *verbo*
Aparecer. Ficar visível.
⭐ Passar a existir; acontecer.
 Aparecer

SURPRESA *substantivo feminino*
Coisa ou fato que não se espera e que pode causar espanto.

SUSTENTAR *verbo*
Segurar, apoiar.
⭐ Aguentar o peso.
⭐ Dar ou receber o necessário (moradia, alimentação, roupa, saúde, escola) para se viver.

SUSTO *substantivo masculino*
Medo provocado por alguma notícia ou coisa que vem sem aviso. Muitas vezes é acompanhado de uma sensação de terror ou de perigo.
 Medo

261

T t

T *substantivo masculino*
Vigésima letra do nosso alfabeto.

TABUADA *substantivo feminino*
Tabela de multiplicação, adição, subtração e divisão, com números de 1 a 10.
P. 186

TAMANDUÁ *substantivo masculino*
Mamífero sem dentes que vive na América do Sul. Alimenta-se de formigas e cupins que ele retira da terra com suas garras e sua língua comprida.
→ Mamífero

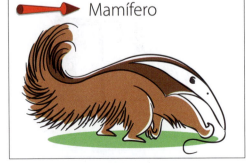

TAMANHO *substantivo masculino*
O comprimento, a largura ou o volume de alguma coisa.

TAMBOR *substantivo masculino*
Qualquer instrumento de percussão em forma de cilindro com um dos lados (ou os dois) cobertos por uma pele esticada. Pode ser tocado com as mãos ou com baquetas. A zabumba, o atabaque e a caixa são tambores.
→ ⭐ Tambor em forma de caixa redonda que se toca com duas baquetas. Também chamado de tambor surdo.
→ Instrumento

P. 198

262

tangerina   tartaruga

TANGERINA *substantivo feminino*
Fruto da tangerineira. Também conhecido como mexerica ou bergamota.
→ Alimento

TANQUE *substantivo masculino*
Pia usada para lavar roupa.
⭐ Carro blindado usado nas guerras por terra.
⭐ Recipiente onde, nos veículos, armazena-se combustível.

TARDE *substantivo feminino*
Período do dia entre o meio-dia e o anoitecer.
→ Tempo

TARTARUGA *substantivo feminino*
Réptil com um casco duro que protege seu corpo. Vive na terra, no mar e na água doce.
→ Réptil

*Eu era uma **tartaruga** verdadeira...*
Alice no País das Maravilhas, Lewis Carroll.

263

tato												teclado

TATO *substantivo masculino*
Sentido que transmite a sensação de temperatura, de aspereza. Com ele pode-se conhecer a forma e a consistência de tudo o que se toca.
➜ Sentido, mão

TATU *substantivo masculino*
Mamífero com garras e corpo coberto de placas, que vive principalmente na América do Sul. Cava buracos na terra e vive neles.
➜ Mamífero

TÁXI *substantivo masculino*
Carro que transporta passageiros a troco de dinheiro. O valor da corrida é marcado por um aparelho especial, o taxímetro.
➜ Transporte

TEATRO *substantivo masculino*
A arte de representar.
➜ Lugar onde o público assiste a espetáculos ou shows.

P. 28

TECIDO *substantivo masculino*
Pano de lã, de algodão, de seda ou outro material.
➜ Costurar

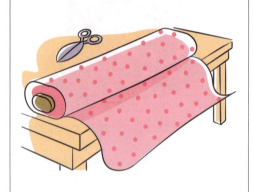

TECLADO *substantivo masculino*
Conjunto de teclas de um instrumento musical.
➜ Instrumento musical de teclado.
➜ Conjunto de teclas de um computador ou outra máquina.

P. 198

264

teia   temperatura

TEIA *substantivo feminino*
Rede de fios finos produzida por algumas aranhas. É usada para prender os insetos, seu alimento.
➡ Aranha

TELEFONE *substantivo masculino*
Aparelho que transmite conversas entre pessoas que estão em lugares diferentes.
➡ Conjunto de números que formam o número telefônico de alguém.

O telefone foi inventado por Graham Bell em 1876.

TELESCÓPIO *substantivo masculino*
Instrumento para observar astros ou objetos que estão muito longe.
➡ Lente

TELEVISÃO *substantivo feminino*
Sistema que transmite e recebe imagens e sons a distância.
➡ Aparelho que recebe a transmissão dessas imagens e sons. Televisor.
➡ Transmissão

TELHADO *substantivo masculino*
Cobertura de uma casa ou de qualquer prédio. Geralmente é feita com telhas.
➡ Casa

TEMPERATURA *substantivo feminino*
Quantidade de calor que existe num corpo ou na atmosfera.
➡ Termômetro

265

TEMPERO *substantivo masculino*
Substância que se coloca na comida para deixá-la mais gostosa. Condimento.

TEMPESTADE *substantivo feminino*
Agitação violenta da atmosfera. Muitas vezes vem acompanhada de chuvas, ventos, relâmpagos e trovões. Temporal.
➤ Atmosfera

TEMPO *substantivo masculino*
A passagem das horas, dos dias, dos meses, dos anos, dos séculos, dos milênios. Momento. Período. Época.
➤ Os fenômenos que acontecem na atmosfera (chuva, ventania, frio, calor, neve, granizo).

O **tempo** passou e Bela se apaixonou pela Fera.
A Bela e a Fera, conto de tradição popular.

tênis   território

TÊNIS *substantivo masculino*
Esporte jogado por duas ou quatro pessoas numa quadra dividida ao meio por uma rede. Com raquete, têm de jogar uma bola por cima da rede.
➜ ⭐ Sapato com sola de borracha, bom para se praticar esportes, mas que é também usado no dia a dia.
➡ Esporte, calçado

TENTAR *verbo*
Procurar conseguir alguma coisa.

TER *verbo*
Possuir. Ter propriedade de alguma coisa.
➜ ⭐ Sentir algo.
➜ ⭐ Contar (idade).

TERMINAR *verbo*
Acabar; encerrar; concluir.

TERMÔMETRO *substantivo masculino*
Instrumento para medir temperatura.
➡ Temperatura

TERRA *substantivo feminino*
O planeta onde vive o homem.
➜ ⭐ Chão, solo.
➜ ⭐ O país ou região onde se nasceu.

P. 20

TERREMOTO *substantivo masculino*
Tremor de terra.

TERRESTRE *adjetivo*
Que é do planeta Terra ou que tem relação com ele.
➜ ⭐ Que nasce ou vive na terra.
➡ Aquático

TERRITÓRIO *substantivo masculino*
Grande quantidade de terra que se espalha por muitos quilômetros.
➜ ⭐ Área de uma cidade, um estado, um país.
➜ ⭐ Área que um animal ou um grupo de animais ocupa e defende.

P. 20

267

TERROR *substantivo masculino*
Grande medo ou pavor causado por alguma ameaça ou perigo.

TESOURA *substantivo feminino*
Instrumento de metal que serve para cortar.

TESOURO *substantivo masculino*
Grande quantidade de dinheiro, joias ou objetos valiosos. Normalmente está escondido ou guardado.
➤ Pirata

TEXTO *substantivo masculino*
Conjunto de frases escritas para serem lidas ou faladas. Redação.

TIGRE *substantivo masculino*
Mamífero carnívoro asiático, muito feroz, da família dos gatos. Tem o pelo listrado e gosta de caçar à noite.
➤ Mamífero

TIJOLO *substantivo masculino*
Bloco de barro cozido usado em construções.
➤ Construção

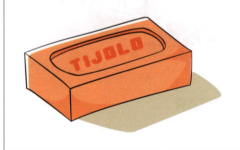

TIME *substantivo masculino*
Grupo de atletas de qualquer esporte que se pratique em equipe. Equipe.
➤ Grupo de pessoas que estão fazendo alguma atividade em equipe.
➤ Esporte

tinta   trabalhar

TINTA *substantivo feminino*
Líquido ou pasta, de qualquer cor, que se usa para escrever, pintar, tingir e imprimir.

TÍTULO *substantivo masculino*
Nome que se dá a livros, histórias, músicas, poemas, filmes, peças.
⇒ Nome de honra (como rei, barão, duque, papa) que se dá a uma pessoa de acordo com o que ela fez ou com o cargo que ela tem.

TOCAR *verbo*
Ter contato com algo. Pegar.
⇒ Tirar sons de um instrumento.
⇒ Soar o sinal de chamada (de alguma coisa).

TOMAR *verbo*
Beber.
⇒ Trazer para si.

TOMATE *substantivo masculino*
Fruto do tomateiro. Tem a casca fina e a polpa vermelha.
⇒ Alimento

TORCER *verbo*
Fazer algo girar sobre si mesmo.
⇒ Desejar a vitória de um time ou de alguém.

TOURO *substantivo masculino*
Boi que se reproduz com as vacas.

TRABALHAR *verbo*
Pôr em ação um ofício, uma atividade, uma profissão um trabalho, um serviço, um esforço.

P. 270

trabalho

TRABALHO *substantivo masculino*
Conjunto de atividades de produção ou de criação que o homem realiza para atingir determinado objetivo. ➡ Qualquer atividade profissional regular, ou qualquer obra que se realize (um livro, uma construção).

Alguns tipos de trabalho são mais complexos e exigem uma formação prolongada. Outros são mais simples. Porém todos eles são igualmente importantes para a organização da sociedade.

trabalho

O trabalho no campo.

O trabalho nas indústrias e nas fábricas.

Também trabalhamos quando exercemos atividades domésticas.

TRANSFORMAR *verbo*

Dar ou ganhar nova forma, tornar ou ficar diferente do que era.

*Quando a noite caía, o homem pálido e magro **transformava-se** em lobisomem.*
O lobisomem, lenda do folclore brasileiro.

TRÂNSITO *substantivo masculino*

Movimento de veículos e de pedestres pelas ruas, calçadas e estradas. Tráfego.

P. 74

TRANSMITIR *verbo*

Enviar alguma coisa de um lugar para outro ou de um aparelho para outro. É possível transmitir mensagens, sons, imagens.

TRANSPARENTE *adjetivo*

Algo que deixa passar luz e ver objetos através dele.

TRANSMISSÃO *substantivo feminino*

Ato ou processo de transmitir.
➤ Transmitir, estação

TRANSPORTE *substantivo masculino*

Ato de transportar, carregar.
→ ⭐ Veículo que serve para levar pessoas, animais, objetos.

Ver ilustrações na p. 297.
P. 74

TRAZER *verbo*

Ir em direção ao lugar onde está uma pessoa (do ponto de vista dessa pessoa) levando algo ou alguém.
→ Levar

TREM *substantivo masculino*

Série de vagões que andam em trilhos e são puxados por uma locomotiva. Transporta pessoas, cargas. Trem de ferro.
→ Locomotiva

TRIÂNGULO *substantivo masculino*

Figura geométrica de três lados.
→ ⭐ Instrumento musical de percussão feito de metal, com três lados iguais, que se toca com uma varinha de metal.
→ Instrumento

P. 186

TRIBO *substantivo feminino*

Grupo de pessoas com famílias que têm a mesma origem, vivem no mesmo território, falam a mesma língua, têm os mesmos costumes.
No caso dos índios, têm também o mesmo chefe, o cacique.

TRIGO *substantivo masculino*

Planta cultivada em várias partes do mundo. Seus grãos são o cereal mais usado na alimentação do homem. Com eles se produz a farinha de trigo, usada para fazer pães, biscoitos, bolos.
→ Pão

TRILHO *substantivo masculino*
Cada uma das barras de ferro paralelas por onde passam as rodas de trens, metrôs, bondes de ferro.
▶ Ferrovia, trem

TRISTE *adjetivo*
Quem não tem alegria, não está contente.
▶ Infeliz

O terceiro filho do dono do moinho ficou **triste**, porque receber de herança um gato é o mesmo que receber nada.
O Gato de Botas, conto de tradição popular.

TROCO *substantivo masculino*
Dinheiro que se recebe de volta quando se paga algo com uma nota ou moeda de valor mais alto do que o da compra.
▶ Comprar

TROMBA *substantivo feminino*
Espécie de nariz em forma de tubo comprido, como o dos elefantes e de outros animais. Serve para apanhar coisas e levar comida e água à boca.
▶ Elefante, tamanduá, anta

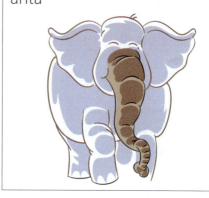

TRONCO *substantivo masculino*
Caule forte e resistente das árvores. Liga as raízes aos galhos e às folhas.
▶ ⭐ Parte mais grossa do corpo do homem e de outros animais. É ela que sustenta a cabeça e é dela que saem os braços e pernas (ou patas e rabo).

TROVÃO *substantivo masculino*
Barulho que se ouve depois de um raio.
 Raio

TUBARÃO *substantivo masculino*
Peixe carnívoro, sem escamas, com dentes afiados. Em geral, é marinho.
 Peixe

TUCANO *substantivo masculino*
Ave de penas coloridas com bico muito grande e forte. Vive nas florestas, nos cerrados e nos campos e alimenta-se de frutos.
 Ave

TÚMULO *substantivo masculino*
Lugar onde se enterram os cadáveres (geralmente um buraco aberto na terra e coberto por uma laje). Sepultura.
 Cadáver, cemitério

TÚNEL *substantivo masculino*
Passagem ou caminho embaixo da terra.

TURISMO *substantivo masculino*
Ação de viajar por diversão e prazer.
⭐ Conjunto de serviços que são oferecidos aos viajantes.
 Viagem

TURMA *substantivo feminino*
Grupo de alunos que estudam na mesma sala de aula. Classe.
⭐ Grupo de amigos ou de pessoas.
 Classe

P. 114

275

Uu

U *substantivo masculino*
Vigésima primeira letra do nosso alfabeto.

UIRAPURU *substantivo masculino*
Pássaro da Amazônia, de plumagem colorida, famoso pelo seu canto. Há muitas lendas sobre o uirapuru, e sua pele é usada como amuleto de boa sorte.
▶ Pássaro

*Seu canto é mais belo que o do **uirapuru**.*
Iara ou Mãe-d'Água, lenda do folclore brasileiro.

UIVAR *verbo*
Dar uivos; fazer ruídos parecidos com os da voz chorosa do cachorro e do lobo.
▶ Lobo, cachorro

ÚLTIMO *adjetivo*
Que vem ou que está depois de todos os outros.
▶ Que é mais novo, mais recente, mais moderno.

UMBIGO *substantivo masculino*
Cicatriz pequena e arredondada no meio da barriga, que se forma quando o cordão umbilical do bebê seca e cai.

unha — urina

UNHA *substantivo feminino*
Lâmina fina e um pouco dura que cobre parte da ponta dos dedos, para protegê-los.
→ Garra de alguns animais.

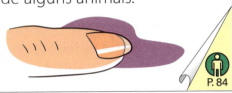

UNIÃO *substantivo feminino*
Ato de juntar coisas ou pessoas.
→ Reunião de forças e de vontades, para a realização de algo.

ÚNICO *adjetivo*
Que é um só; que forma um todo.
→ Que não há outro igual.
→ Ímpar, inteiro

UNIDADE *substantivo feminino*
Um inteiro.
→ O número 1.
→ Aritmética

UNIFORME *substantivo masculino*
O mesmo que farda.
→ Que não varia, que é sempre igual.
→ Farda, igual

UNIVERSIDADE *substantivo feminino*
Escola de ensino superior, com faculdades que oferecem formação para a ciência e preparação para várias atividades profissionais.

UNIVERSO *substantivo masculino*
Conjunto de tudo o que existe: a Terra, os astros e todas as galáxias.
→ Espaço

URBANO *adjetivo*
Aquilo que está relacionado à cidade ou que é de sua natureza.
→ Rural

URGENTE *adjetivo*
Aquilo que precisa ser atendido ou feito com muita rapidez.
→ Pressa

URINA *substantivo feminino*
O mesmo que xixi.
→ Xixi

277

URNA *substantivo feminino*

Vaso, caixa ou sacola onde se depositam os votos nas eleições, quando os votos são feitos de papel.

*A **urna** eletrônica é um computador usado para se fazer a votação e a contagem dos votos.*

URTICÁRIA *substantivo feminino*

Ferimentos ou bolhas na pele que dão muita coceira. Geralmente é causada por algum tipo de alergia.

URUBU *substantivo masculino*

Ave de rapina da família dos abutres, de cor preta, com bico curvo e garras fortes. Alimenta-se de carniça, ou seja, de carne podre.

 Ave

URSO *substantivo masculino*

Mamífero carnívoro que vive em lugares onde o clima é mais frio. Nos lugares gelados, ele hiberna: dorme durante todo o inverno.

 Mamífero

USAR *verbo*

Fazer uso de algo ou alguém. Vestir determinada roupa ou enfeite.

*O porquinho mais velho **usou** tijolos para construir sua casa.*
Os Três Porquinhos, conto de tradição popular.

usina

USINA *substantivo feminino*
Fábrica.
⭐ Conjunto de máquinas que produzem energia.
➤ Hidrelétrica, energia, fábrica

ÚTIL *adjetivo*
Aquilo que pode ter algum uso, que serve para algo.

uva

UTILIZAR *verbo*
Usar, aproveitar.
➤ Usar

UVA *substantivo feminino*
Fruto da videira. Cresce em cachos e é arredondada. Com ela se faz vinho, vinagre, sucos e doces.
➤ Alimento, cacho

V *substantivo masculino*
Vigésima segunda letra do nosso alfabeto.

VACA *substantivo feminino*
Fêmea do boi. O leite de vaca é um dos alimentos básicos do homem.
➤ Leite, boi

VACINA *substantivo feminino*
Substância que é colocada no corpo de uma pessoa ou animal para protegê-lo contra doenças. Em geral isso se faz com uma injeção ou uma gota na língua.

VAGA-LUME *substantivo masculino*
Inseto que tem órgãos que produzem luz. Pirilampo.
➤ Inseto, luz

VALIDADE *substantivo feminino*
Qualidade de algo que está dentro do prazo.

VALOR *substantivo masculino*
Preço de algum produto ou trabalho.
➤ Qualidade física ou moral de quem é admirado ou respeitado.
➤ Preço

vampiro   vegetal

VAMPIRO *substantivo masculino*
Criatura imaginária que é capaz de se transformar em morcego e que, à noite, sai do túmulo para chupar o sangue das pessoas.

*Diz a lenda que para matar um **vampiro** é preciso enfiar uma estaca de madeira em seu coração.*

VAPOR *substantivo masculino*
Estado em que se transformam as substâncias líquidas quando são aquecidas a temperaturas muito altas.

VARANDA *substantivo feminino*
Parte externa de uma casa que fica junto a uma porta de entrada.

VARRER *verbo*
Retirar restos ou sujeiras de um lugar ou de uma superfície, quase sempre com uma vassoura.
 Vassoura

VASSOURA *substantivo feminino*
Objeto que se usa para varrer, escovar ou esfregar superfícies. Geralmente é feito de um cabo comprido que, na ponta, tem pelos, piaçava ou palha.
 Varrer

VAZIO *adjetivo*
Que não contém nada ou que só contém ar.
 Lugar sem ninguém, desabitado, despovoado.

VEGETAÇÃO *substantivo feminino*
Conjunto de plantas que existem numa região. Possuem características que são determinadas pelo clima e pelo solo do ambiente em que estão.

VEGETAL *substantivo masculino*
Planta.
 Agricultura

281

VEÍCULO *substantivo masculino*
Qualquer meio que se usa para transportar coisas, animais e pessoas de um lugar para o outro.
⭐ Qualquer coisa que seja capaz de transmitir ou conduzir algo.
▶ Transporte, viagem, viajar

VELA *substantivo feminino*
Pedaço de cera que tem no meio um fio, o pavio. Nele se põe fogo para produzir luz, que dura até a cera se derreter toda.
⭐ Pano forte, preso numa vara, que quando é empurrado pelo vento movimenta os barcos.
▶ Caravela

Por onde o Negrinho passava a **vela** ia pingando cera no chão e, de cada pingo, ia nascendo uma nova luz.
O Negrinho do Pastoreio, lenda do folclore brasileiro.

VELHO *adjetivo*
Que tem muita idade, idoso.
⭐ Algo que existe há muito tempo; antigo.
⭐ Algo gasto pelo tempo.
▶ Tempo, idade

VELOCIDADE *substantivo feminino*
Qualidade daquilo que anda ou corre com rapidez.

VENCER *verbo*
Conseguir vitória; triunfar, ganhar.

VENDER *verbo*
Trocar alguma coisa por dinheiro.
▶ Comércio

VENENO *substantivo masculino*
Substância que pode matar ou fazer muito mal aos seres vivos.

vento   verme

VENTO *substantivo masculino*

Movimento de massa de ar que agita tudo por onde passa.

Polegar ficou muito tempo na corte, encarregado da tarefa de ser o correio mais veloz que o **vento**.
O Pequeno Polegar, conto de tradição popular.

VER *verbo*

Conhecer ou perceber pela visão.
 Assistir a um espetáculo, a um filme ou a um acontecimento qualquer.
→ Enxergar, visão

VERDADE *substantivo feminino*

Aquilo que realmente aconteceu; que é real; que se pode provar.
→ Qualquer ideia que se aceite como verdadeira.

VERDURA *substantivo feminino*

Qualquer planta que se use na alimentação humana. Legume, hortaliça.
 Legume

VERGONHA *substantivo feminino*

Sentimento de insegurança que se sente quando se tem medo de passar ridículo; timidez.
→ Qualquer ato ou atitude que seja desonesta ou indigna.

VERIFICAR *verbo*

Checar. Investigar algo para ver se é verdade.

VERME *substantivo masculino*

Animal invertebrado de corpo mole, parecido com a minhoca, que se desenvolve no corpo vivo de animais vertebrados, inclusive no do homem.
 Parasita

283

VERSO *substantivo masculino*
Cada uma das linhas de um poema.
➡️⭐ O lado oposto de algo, o inverso.
➡️⭐ O que se diz ou se escreve em verso.
➡️ Prosa, poema, poesia

VERTICAL *adjetivo*
Que é perpendicular ao plano horizontal.
➡️ Horizontal

VESTIR *verbo*
Cobrir o corpo com roupas.
➡️ Vestuário, roupa

VESTUÁRIO *substantivo masculino*
Conjunto das roupas e acessórios que usamos para nos vestir.
Ver ilustrações na p. 298.

VIAGEM *substantivo feminino*
Ato de viajar.
➡️ Viajar

VIAJAR *verbo*
Sair de um lugar e ir a outro mais ou menos distante.

VIDA *substantivo feminino*
Condição dos seres vivos quando seus corpos estão em atividade: nascem, crescem, reproduzem-se, reagem aos estímulos do ambiente.
➡️⭐ Período que vai do nascimento à morte de um ser.
➡️ Ser

VIDRO *substantivo masculino*
Substância dura e sólida, em geral transparente e fácil de se quebrar, feita de areia misturada com outras substâncias.
➡️⭐ Objeto feito com essa substância.

VILÃO *substantivo masculino*
Nas histórias, novelas, espetáculos e filmes é o personagem que representa o lado mau.
➡️ Herói

violão vitória-régia

VIOLÃO *substantivo masculino*
Instrumento musical com seis cordas e corpo de madeira em forma de 8, muito popular no Brasil. Geralmente acompanha o canto.
→ Instrumento

P. 198

VIOLÊNCIA *substantivo feminino*
Ação de usar força bruta (contra algo ou alguém) ou de intimidar alguém, sem pena.
→ ⭐ Grande intensidade.

VIOLINO *substantivo masculino*
Instrumento musical com quatro cordas tocadas com um arco.
→ Instrumento

P. 198

VIR *verbo*
Movimentar-se de outro lugar para o lugar onde está alguém, do ponto de vista desse alguém.
→ Ir

VÍRUS *substantivo masculino*
Agente microscópico que se reproduz dentro das células dos seres vivos. Causa muitas doenças.

P. 252

VISÃO *substantivo feminino*
O sentido da vista. Perceber as coisas do mundo com os olhos.
→ ⭐ Ato de ver.
→ Sentido, ver

VITÓRIA *substantivo feminino*
Ato de vencer algo ou alguém em uma luta ou competição.

VITÓRIA-RÉGIA *substantivo feminino*
Planta aquática da Amazônia. Suas folhas são largas, arredondadas e sua flor é a maior que existe na América do Sul.

*A Lua transformou a índia numa flor imensa e bela. Sabem qual é essa flor? É a **vitória-régia**!*
Vitória-régia, lenda do folclore brasileiro.

285

VITRINE *substantivo feminino*
Local de uma loja que é coberto por um vidro, onde ficam à mostra as mercadorias. Geralmente fica colocada de frente para onde passam as pessoas.
 Loja

VIVER *verbo*
Estar vivo, existir.
 Morar, habitar.
 Vida

VIVO *adjetivo*
Que tem vida.
 Vida

VIZINHO *adjetivo*
Algo que está próximo.
 *substantivo masculino*
Aquele que mora perto de nós.

VOAR *verbo*
Mover-se no ar.
 Ir para algum lugar com rapidez ou correr muito rápido.

VOCABULÁRIO *substantivo masculino*
Conjunto das palavras de uma língua ou de um determinado assunto.
 Palavra

VOLEIBOL *substantivo masculino*
Vôlei. Jogo entre dois times de seis jogadores, separados por uma rede numa quadra. Cada time usa as mãos, os punhos ou os pés para mandar a bola por cima da rede para o adversário.
 Esporte

volta　　　　　　　　　　　　　　　　vulcão

VOLTA *substantivo feminino*
Ato de retornar ao local de onde se saiu; regresso, retorno.
⟶ Caminho ou movimento que faz um círculo.

VONTADE *substantivo feminino*
Desejo.
⟶ Interesse, disposição para fazer as coisas.
⟶ Desejo

VOZ *substantivo feminino*
Som produzido quando o ar que sai dos pulmões vibra as cordas vocais na garganta de alguns animais e do homem. Esses sons são usados para cantar e para comunicar mensagens e emoções.
⟶ Falar, cantar

VULCÃO *substantivo masculino*
Buraco grande na superfície do nosso planeta (cratera) que entra em erupção de tempos em tempos.
⟶ Erupção

287

W *substantivo masculino*
Vigésima terceira letra do nosso alfabeto.

WALKMAN *substantivo masculino*
Aparelho portátil que serve para ouvir música enquanto nos movimentamos.

WATT *substantivo masculino*
Unidade de medida da potência.

WEB *substantivo feminino*
Palavra inglesa que significa rede, usada para designar a internet.

WWW
Sigla derivada do inglês (*world wide web*) que significa rede de alcance mundial. O mesmo que internet.

X *substantivo masculino*
Vigésima quarta letra do nosso alfabeto.

XADREZ *substantivo masculino*
Jogo que imita um combate entre dois exércitos, com 16 peças cada, que são movimentadas sobre um tabuleiro com quadrados pretos e brancos.
 Jogo

A origem do xadrez é um mistério: parece que ele era um jogo para reis e que surgiu na Índia, no século V.

P. 48

XALE *substantivo masculino*
Peça de roupa que as mulheres usam nos ombros e nas costas como enfeite ou agasalho.
 Vestuário

XAMPU *substantivo masculino*
Sabão líquido especial para lavar os cabelos.
 Higiene

XAROPE *substantivo masculino*
Remédio líquido e grosso feito com ervas, açúcar ou outras substâncias.
 Remédio

P. 252

x

xerife   xixi

XERIFE *substantivo masculino*

Chefe de polícia, nas cidades dos Estados Unidos.

XEROX *substantivo feminino*

Máquina que faz cópias de textos e figuras em papel por um processo elétrico e luminoso, a xerografia.
 A cópia que se consegue com essa máquina.
 Copiar, imprimir

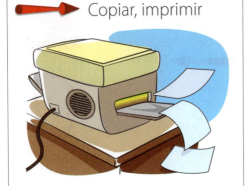

XÍCARA *substantivo feminino*

Pequena vasilha com asa para servir café, chá, chocolate.

*A Lebre pegou o relógio da mão do Chapeleiro e meteu-o na **xícara** de chá.*
Alice no País das Maravilhas, Lewis Carroll.

XINGAR *verbo*

Dizer palavrões ou agredir alguém com palavras.
 Palavrão

XIXI *substantivo masculino*

Líquido formado por tudo aquilo que o corpo não consegue aproveitar e que depois é eliminado.
 Urina, pipi

290

Y *substantivo masculino*
Vigésima quinta letra do nosso alfabeto.

YAKISOBA *substantivo masculino*
Comida japonesa feita com macarrão e verduras.

YANOMÂMI *adjetvo*
Grupo indígena brasileiro da região nordeste do Amazonas. Também é correto escrevermos ianomâmi.

YARA *substantivo feminino*
Uma das formas de se escrever o nome *Iara, a mãe-d'água*, importante lenda do folclore brasileiro. No tupi, principal língua indígena brasileira, Yara significa senhora.

P. 136

YIN-YANG *substantivo masculino*
Na tradição dos chineses representa o par de forças que formam o universo. O lado escuro representa o feminino e o claro, o masculino.

291

Zz

Z *substantivo masculino*

Vigésima sexta letra do nosso alfabeto.

ZAGUEIRO *substantivo masculino*

Jogador de futebol que ocupa a posição de defesa, em dupla com outro jogador. Beque.
→ Futebol

ZANGAR *verbo*

Ficar irritado, aborrecido ou bravo com algo.

Todos ficavam **zangados** com as diabruras do saci.
Saci-pererê, lenda do folclore brasileiro.

ZEBRA *substantivo feminino*

Mamífero africano da família do cavalo, com pelo listrado de preto e branco.
→ Mamífero

ZELADOR *substantivo masculino*

Empregado encarregado de cuidar de um prédio.

ZERO *substantivo masculino*

Número que representa um conjunto vazio, a falta total de quantidade. Quando é colocado à direita de um outro número, faz o valor dele aumentar dez vezes.

P. 186

292

ziguezague   zumbido

ZIGUEZAGUE *substantivo masculino*
Linha que se quebra para lá e para cá, formando ângulos fechados.
➡️ ⭐ Forma de andar segundo esse tipo de linha.
➡️ Ângulo

ZÍPER *substantivo masculino*
Fecho usado em peças de vestuário, como calças, vestidos, saias.
➡️ Vestuário

ZOADA *substantivo feminino*
Barulho, confusão, gritaria, zoeira.
➡️ Barulho

ZOMBAR *verbo*
Caçoar; rir de alguém.

ZOOLÓGICO *substantivo masculino*
Lugar onde são reunidos animais de diferentes partes do mundo para serem conhecidos pelos visitantes.
➡️ Animal

P. 74

ZUMBIDO *substantivo masculino*
Ruído que alguns insetos produzem quando voam.
➡️ ⭐ Qualquer som parecido com o zumbido dos insetos.
➡️ Inseto

293

PRINCIPAIS ANIMAIS QUE ENCONTRAMOS NO BRASIL

arara

beija-flor

uirapuru

joão-de-barro

pardal

sabiá

papagaio

jaburu
(tuiuiú)

coruja

jurema (garça)

gavião

tucano

galinha

cobra-coral

seriema

piranha

cavalo-
marinho

ema

jararaca

golfinho

boto

baleia
jubarte

peixe-boi

ESPORTES

VESTUÁRIO

MASCULINO E FEMININO

Ator	Atriz
Bode	Cabra
Boi	Vaca
Bom	Boa
Cão	Cadela
Carneiro	Ovelha
Cavalo	Égua
Chorão	Chorona
Elefante	Elefanta
Embaixador	Embaixadora
Esposo, marido	Esposa, mulher
Galo	Galinha

Herói	Heroína
Homem	Mulher
Imperador	Imperatriz
Leão	Leoa
Mau	Má
Menino	Menina
Pavão	Pavoa
Poeta	Poetisa
Príncipe	Princesa
Rei	Rainha
Vilão	Vilã
Zangão	Abelha

NÚMEROS ORDINAIS

Segundo	Nono	Septuagésimo
Terceiro	Décimo	Octogésimo
Quarto	Vigésimo	Nonagésimo
Quinto	Trigésimo	Centésimo
Sexto	Quadragésimo	Milésimo
Sétimo	Quinquagésimo	Milionésimo
Primeiro / Oitavo	Sexagésimo	Bilionésimo

CONTRÁRIOS

Quando uma palavra tem o significado contrário ao da outra, ela é seu **antônimo**.

Aberto	Fechado		Horizontal	Vertical
Agradável	Desagradável		Infeliz	Feliz
Baixo	Alto		Jovem	Idoso
Bem	Mal		Largo	Estreito
Bom	Mau		Leve	Pesado
Cedo	Tarde		Macho	Fêmea
Cheio	Vazio		Maldade	Bondade
Comprido	Curto		Mal-educado	Bem-educado
Dia	Noite		Morrer	Nascer
Direita	Esquerda		Não	Sim
Doce	Salgado		Novo	Velho
Embaixo	Em cima		Paz	Guerra
Escuro	Claro		Perto	Longe
Feio	Bonito		Positivo	Negativo
Frente	Verso		Preto	Branco
Frio	Quente / Calor		Rápido	Lento
Gordo	Magro		Seco	Molhado
Grosso	Fino		Triste	Alegre

MAPA-MÚNDI

O mapa-múndi é uma representação gráfica de nosso planeta, que está dividido em seis continentes, sendo que um deles não é habitado, e o chamamos de **Antártida**.

África: é conhecida pela beleza natural das savanas e de seus animais. É nesse continente que fica o maior deserto do mundo, o Saara, que é praticamente despovoado.

América: esse continente é dividido em três grandes partes – América do Norte, América Central e América do Sul, onde fica o Brasil.

Ásia: é o maior e mais populoso dos continentes. Tem as maiores montanhas, possui os lugares com temperaturas muito baixas e é o berço das mais antigas civilizações.

Europa: tem enorme importância histórica, pois é considerada o berço da civilização moderna.

Oceania: é um continente formado por três grandes países e mais de 10 mil ilhas. É quase tão grande quanto a Ásia, mas está distribuído em várias ilhas.

304

Fonte: *Atlas geográfico escolar*. São Paulo: IBEP, 2008.

ESTADOS BRASILEIROS

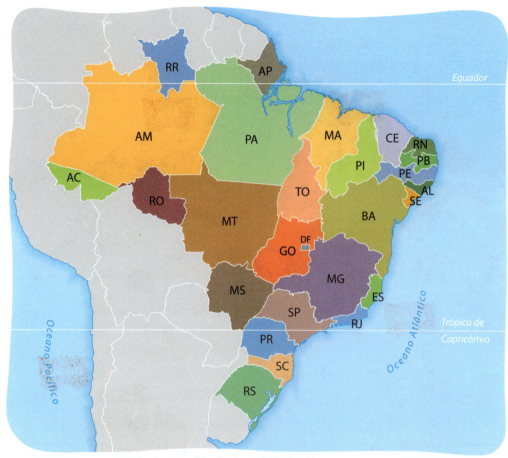

DF – Distrito Federal – Brasília

Sigla	Estado	Capital
AC	Acre	Rio Branco
AL	Alagoas	Maceió
AM	Amazonas	Manaus
AP	Amapá	Macapá
BA	Bahia	Salvador
CE	Ceará	Fortaleza
ES	Espírito Santo	Vitória
GO	Goiás	Goiânia
MA	Maranhão	São Luís
MG	Minas Gerais	Belo Horizonte
MS	Mato Grosso do Sul	Campo Grande
MT	Mato Grosso	Cuiabá
PA	Pará	Belém

Sigla	Estado	Capital
PB	Paraíba	João Pessoa
PE	Pernambuco	Recife
PI	Piauí	Teresina
PR	Paraná	Curitiba
RJ	Rio de Janeiro	Rio de Janeiro
RN	Rio Grande do Norte	Natal
RO	Rondônia	Porto Velho
RR	Roraima	Boa Vista
RS	Rio Grande do Sul	Porto Alegre
SE	Sergipe	Aracaju
SC	Santa Catarina	Florianópolis
SP	São Paulo	São Paulo
TO	Tocantins	Palmas

Fonte: *Atlas geográfico escolar*. São Paulo: IBEP, 2008.

PRINCIPAIS RIOS

Fonte: *Atlas geográfico escolar*. São Paulo: IBEP, 2008

RECURSOS MINERAIS

Fonte: Anuário estatístico, IBGE.

 carvão

 ferro

 sal marinho

 ouro

 urânio

 petróleo

AGRICULTURA E PECUÁRIA

Fonte: *Atlas geográfico escolar*. São Paulo: IBEP, 2008.

REGIÕES BRASILEIRAS

Fonte: *Atlas geográfico escolar*. São Paulo: IBEP, 2008.

REGIÃO NORTE

Fonte: *Atlas geográfico escolar*. São Paulo: IBEP, 2008.

311

REGIÃO NORDESTE

REGIÃO SUDESTE

Fonte: *Atlas geográfico escolar*. São Paulo: IBEP, 2008.

313

REGIÃO SUL

REGIÃO CENTRO-OESTE

Fonte: *Atlas geográfico escolar*. São Paulo: IBEP, 2008.

AS BANDEIRAS DO MUNDO...

E A NOSSA BANDEIRA: 

Jordânia
Kiribati
Kuwait
Laos
Lesoto
Letônia
Líbano
Libéria
Líbia
Liechtenstein
Lituânia
Luxemburgo
Macedônia
Madagáscar
Malásia
Malauí
Maldivas
Mali
Malta
Marrocos
Maurício
Mauritânia
México
Mianmar
Micronésia
Moçambique
Moldávia
Mônaco
Mongólia
Namíbia
Nauru
Nepal
Nicarágua
Níger
Nigéria
Noruega
Nova Zelândia
Omã
Países Baixos (Holanda)
Palau
Panamá
Papua-Nova Guiné
Paquistão
Paraguai
Peru
Polônia
Portugal
Quênia
Quirguistão
Reino Unido
Rep. Centro-Africana
República Dominicana
República Tcheca
Romênia
Ruanda
Rússia
Samoa
San Marino
Santa Lúcia
São Cristovão e Névis
São Tomé e Príncipe
São Vicente e Granadinas
Seychelles
Senegal
Serra Leoa
Sérvia e Montenegro
Síria
Somália
Sri Lanka
Suazilândia
Sudão
Suécia
Suíça
Suriname
Tadjiquistão
Tailândia
Taiwan (Formosa)
Tanzânia
Timor Leste
Togo
Tonga
Trinidad e Tobago
Tunísia
Turcomenistão
Turquia
Tuvalu
Ucrânia
Uganda
Uruguai
Uzbequistão
Vanuatu
Vaticano
Venezuela
Vietnã
Zâmbia
Zimbábue

Fonte: *Atlas geográfico escolar*. São Paulo: IBEP, 2008.

Este livro foi produzido em 2008 pela Companhia Editora Nacional.
A tipologia empregada foi a Myriad Pro Light 14/16
e o papel utilizado, offset 75g.

Impresso na Leograf Gráfica e Editora - Julho/2023.